Kölner Brauhaus-Wanderweg

Franz Mathar

Herausgegeben von der
HANS SION STIFTUNG

Ein feuchtfröhlicher Rundgang durch
Geschichte und Gegenwart
Eine Wanderung um den Dom und
durch die Kölner Altstadt

J.P. BACHEM VERLAG
Entdecker Touren

Unser besonderer Dank gilt
der Privatbrauerei Gaffel Becker & Co,
der Altstadt-Bräu Joh. Sion KG,
dem Cölner Hofbräu P. Josef Früh,
der Hausbrauerei Päffgen,
der Brauerei Gebr. Sünner
und der Kölner Verkehrs-Betriebe AG
für ihre Unterstützung.

Wir danken dem Greven Verlag für die Abdruckgenehmigung einzelner Beiträge aus dem Buch „Kölsche Bier- und Brauhäuser" von Franz Mathar und Rudolf Spiegel.

Bibliografische Information Der Deutschen Bibliothek
Die Deutsche Bibliothek verzeichnet diese Publikation in der Deutschen Nationalbibliografie; detaillierte bibliografische Daten sind im Internet über http://dnb.ddb.de abrufbar.

Umschlagabbildung:
Ein Zappes bei der Arbeit. Mit einem Marktanteil von 90 Prozent ist das Kölsch in der Kölner Gastronomie die beliebteste Biersorte. Da heißt es unermüdlich zapfen, damit keine Kehle trocken bleibt.

Bild rechts:
Durch diese Tür tritt, wer im Brauhaus „Zum Pfaffen" einkehren möchte. Viele der Kölner Brauhäuser sind in schönen alten Häusern untergebracht, so dass zum Biergenuss noch der Augenschmaus hinzukommt.

Herausgeber: HANS-SION-STIFTUNG, Köln
4. überarb. Auflage 2005

Text und Fotos: Franz Mathar, Köln
außer Fotos S. 3, 6, 24/25, 27, 29, 35, 40, 44, 51, 52, 53 oben und unten, 56, 61, 63: Fritz Schnell, Köln;
S. 23: terramedia GmbH, Frechen;
S. 36, 60: Celia Körber-Leupold, Erftstadt;
S. 38: mit freundlicher Genehmigung der Cölner Hofbräu P. Joseph Früh
Redaktion und Lektorat: Martina Dammrat, Köln
Einbandgestaltung und Layout: Heike Unger, Berlin
Reproduktionen: Reprowerkstatt Wargalla GmbH, Köln
Druck und Verarbeitung: Druckerei J. P. Bachem GmbH & Co. KG Köln
Printed in Germany
ISBN 3-7616-1653-8
www.bachem.de

Inhalt

Hans Sion (1911-1998), der Initiator des Brauhaus-Wanderweges.

Willkommen in Köln, Stadt der Brauhäuser

Jeder auswärtige Besucher kennt den Kölner Dom als Wahrzeichen unserer Stadt und besonders die jüngeren Gäste lieben an schönen Sommerabenden das Rheinufer und die Kneipen der Altstadt. Die Bierfreunde und Liebhaber deftiger Hausmannskost schwören auf die zahlreichen Kölner Bier- und Brauhäuser mit unserem geliebten Nationalgetränk, dem Kölsch und seiner traditionellen Brauhaus-Kultur.

Die Hans-Sion-Stiftung hat nun mit der Einrichtung des Kölner BRAUHAUS-WANDERWEGES alle diese attraktiven Kölner Sehenswürdigkeiten zu einem unterhaltsamen und interessanten Stadt-Spaziergang zusammengefasst. Dieser Weg führt vorbei an gewaltigen Kirchen und urgemütlichen Kneipen. In den winkligen Gassen und auf den großzügigen Plätzen der schönen Kölner Altstadt erleben Sie lebendige Kölner Stadtgeschichte. Man sagt zwar, das Herz von Köln schlage nur in den einzelnen „Vierteln", wo jeder jeden kennt, doch auch die Gegend zwischen Dom und Dreikönigenpförtchen bietet einen guten Einblick in den Geist und die Geschichte unserer Stadt. Dieses Gemisch aus Kölsch und Kultur soll Ihnen dieser Spaziergang näher bringen. Erwandern Sie sich auf dem BRAUHAUS-WANDERWEG ein Stück Kölner Kultur und erholen Sie sich zwischendurch bei einem kühlen Glas Kölsch in einem der zahlreichen, am Wege liegenden Bier- und Brauhäuser. Hier bringt Ihnen der „Köbes" (Brauhaus-Kellner) Ihr KÖLSCH frisch vom Fass in der schlanken „Stange" (Kölsch-Bierglas) an den weiß gescheuerten Brauhaustisch. Hier können Sie die „deftigen“ regionalen Spezialitäten, welche die „Kölsche Foderkaat“, also die hiesige Speisekarte bietet, nach Herzenslust genießen. Sie sehen, ein Kölner Brauhaus bietet mehr als nur Bier, hier finden Sie rheinische Lebensart pur. Die Aufgeschlossenheit der Kölner erlaubt es, schnell Kontakte zu finden. Setzen Sie sich ruhig zu den anderen Gästen, das ist in Köln nicht ungewöhnlich, das ist die Regel, und lassen Sie sich in ein Gespräch ein. Fröhlich und gestärkt können Sie dann Ihren BRAUHAUS-WANDERWEG fortsetzen und weitere Brauhäuser und Sehenswürdigkeiten erwandern. Auch die ehemaligen Bier- und Brauhäuser, sie sind durch blaue Hinweis-Emailleplaketten gekennzeichnet, sind interessante Zeugen der Kölner Brauereihistorie und wert, heutzutage einmal neu entdeckt zu werden. Auf dieser ersten Etappe des BRAUHAUS-WANDERWEGES – weitere sind geplant – können Sie allein dreizehn der insgesamt über dreihundert ehemaligen und aktuellen Bier- und Brauhäuser Kölns entdecken.

Ob Sie nun allein, im Kreise einiger Freunde oder als größere Gruppe losmarschieren, der Kölner BRAUHAUS-WANDERWEG wird Ihnen eine Menge Wissenswertes über Köln, das Kölsch und seine Kultur näher bringen.

Ich wünsche Ihnen dazu viel Spaß, gutes Wetter und einen gesunden Durst.

Hans Sion

Hier fällt die Entscheidung schwer: lieber zwischen modernen Kunstwerken im Museum Ludwig verweilen oder das Kölner Wahrzeichen besuchen, das 1996 ins Weltkulturerbe der UNESCO aufgenommen wurde.

Tradition & Vielfalt

St. Andreas ist die Kirche der Kölner Brauer. An den spätromanischen Bau (13. Jh.) wurde im 15. Jahrhundert ein spätgotischer Chor angebaut. Im Inneren haben sich Fragmente mittelalterlicher Wandmalereien erhalten. Das Grab des Universalgelehrten Albertus Magnus befindet sich in der Krypta.

Die Kölner lieben ihren Dom und den Rhein, ihre Stadt und ihre Sprache, den Karneval und – ihr Kölsch. Doch damit nicht genug, denn da in Köln alles etwas anders ist, können die Kölnerinnen und Kölner nicht nur unter ein oder zwei verschiedenen Kölsch-Marken wählen, sondern unter vierundzwanzig. Diese Markenvielfalt dürfte wohl einmalig in Europa sein. Doch was ist nun so Besonderes an diesem hellen, obergärigen Bier? Ist es die gute Bekömmlichkeit oder ist es der leicht herbe, aromatische Bittergeschmack, der dem Kölsch seine erfrischende Spritzigkeit verleiht? Die Antwort ist wohl, dass es von allem etwas ist, eine Mischung aus alter Tradition und modernem Know-how, aus gewachsener Bodenständigkeit und Weltoffenheit. Die Kölner Brauer erkannten sehr früh, dass Einigkeit stark macht und beschlossen, sich diese heimische Bierspezialität schützen zu lassen. Sie gaben sich die Kölsch Konvention, das heißt, sie schufen sich Regeln, denen sich alle Kölsch-Brauer freiwillig unterwarfen. Im Einzelnen bedeutet das: Kölsch wird nach dem Reinheitsgebot von 1516 gebraut, und das nur von Brauereien im Kölner Stadtgebiet und einigen besonders bestimmten Brauereien in der Umgebung. Kölsch ist ein obergäriges, helles, hoch vergorenes, hopfenbetontes, blankes Vollbier. Die „Stange" ist das einzige gebräuchliche Kölschglas. Diese Regeln wurden am 6. März 1986 von allen Kölner Brauern feierlich unterzeichnet. Bei Ihrem Spaziergang durch Kölns Stadt- und Brauerhistorie haben Sie ausgiebig Gelegenheit, sich in einigen unserer Traditions-Brauhäuser vom guten Geschmack und der Qualität der vielen verschiedenen Marken zu überzeugen.

Noch ein paar Worte zur Kölner Brauer-Corporation: Vor über 600 Jahren (1396) taten sich die Kölner Brauer zu einem Handwerksverbund zusammen, dem sie den Namen „St. Peter von Mailand Bruderschaft" gaben. Diese im „Hilligen Köln" natürlich katholische Vereinigung vertrat neben der Brauerzunft und der Brauer-Gaffel die Belange der Mitglieder kontinuierlich durch die Jahrhunderte. Weder Krieg, Reformation noch Revolution konnten die Aktivitäten dieser Gruppe unterbinden. Der Schutzpatron, der Dominikaner St. Peter von Mailand, war ein zu seiner Zeit hochgeachteter Streiter für den katholischen Glauben, der im Jahre 1252 den Märtyrertod erlitt. Sein Andenken feiert die Bruderschaft noch heute einmal im Jahr mit einem feierlichen Gedenkgottesdienst in der Patronatskirche St. Andreas im Schatten des Kölner Domes und einem gemeinsamen Brauermahl. Es freut uns ganz besonders, dass der Kölner BRAUHAUS-WANDERWEG auf seinem Gang durch die Stadt- und Braugeschichte Kölns auch dieser Kirche und dem Andenken unseres Schutzpatrons, dessen Bild sich auf einem Flügelaltar in der Kirche St. Andreas befindet, seine Referenz erweist. Wie sehr das Andenken unseres Patrons noch heute im Bewusstsein der Kölner Brauer verwurzelt ist, zeigt die Tatsache, dass sich die Mitglieder der St. Peter von Mailand Bruderschaft jeden Monat einmal, wie schon seit mehr als 600 Jahren, zum kollegialen Austausch treffen.

Wir würden uns sehr freuen, wenn viele unserer Gäste das Angebot wahrnähmen, bei einem Spaziergang durch unsere Vaterstadt auch etwas von unserer Kölner Brauerhistorie zu erfahren. Dass dies mit dem Genuss unseres Produktes Kölsch verbunden ist, sollte für uns Ansporn und Verpflichtung sein, unser ganzes handwerkliches Können dafür einzusetzen, Ihnen auch in Zukunft zwei Dinge weiter präsentieren zu können: Köln und sein Kölsch.

Rudolf Päffgen

Rudolf Päffgen,
Präses der St. Peter von Mailand Bruderschaft –
Cölner Brauer-Corporation

Im „Kranz" gelangen die Kölsch-„Stangen" schnell und frisch zu den Tischen. Der Köbes hat für alle Wünsche ein offenes Ohr, solange man keinen Pfefferminztee bestellt.

Kölsch & Kultur

Ein Bier prägt seine Stadt

Bodenständig und modern, geprägt von ehrwürdigen Traditionen ebenso wie von Weltoffenheit und Ungezwungenheit, das ist Köln – und das ist Kölsch-Kultur. Klein, aber fein kommt das Kölsch auf Theke und Tisch, frisch gezapft und gekrönt von festem, weißem Schaum – eine Freude für Auge und Gaumen. Charakteristisch und in seiner Art einmalig ist das Trinkgefäß: die schlanke „Stange", das Glas mit dem Eichstrich bei 0,2 Liter.

Ein oder mehrere Kölsch, in geselliger Runde getrunken, regen den Appetit an. Die kulinarischen Spezialitäten, die man zu dem feinen obergärigen Bier genießt, sind – wie könnte es anders sein – ebenfalls echt kölsch: Der „Halve Hahn" ist weit über die Stadtgrenzen hinaus bekannt. Beim „Halven Hahn" handelt es sich – und das wissen inzwischen auch viele Nichtkölner – um ein Röggelchen (Roggenbrötchen) mit einer Scheibe Holländer Käse und Butter. Für den Kenner eine wahre Delikatesse und zusammen mit dem Kölsch eine traumhafte Kombination, die auch verwöhnteste Gaumen zufrieden stellt.

Serviert werden all diese guten Dinge in Kölsch-Kneipen („Weetschaften") und in den vielen urgemütlichen Brauhäusern vom „Köbes", den der Normaldeutsche auch „Ober" ruft. Auch er ist ein Stück unverwechselbare Kölsch-Kultur. Sein Markenzeichen ist der typische „Kranz", ein Tragegerät für 10 bis 15 Kölsch-„Stangen", die er unaufgefordert an den Tisch bringt. Dazu gehören eine lange Schürze, eine blaue Strickjacke und die sprichwörtliche entwaffnende Schlagfertigkeit, gegen die kein Kraut und keine Argumente gewachsen sind. Denn in Köln ist der Köbes König.

Verbale Fähigkeiten bringt der Kölsch-Genuss natürlich auch beim Gast zum Blühen. Er beflügelt die Unterhaltung, zumal das Kölsch am besten dort schmeckt, wo sich die Menschen „knubbeln“. Man versteht sich einfach. Und so wird an Theken und blankgescheuerten Brauhaus-Tischen in ungezwungener Atmosphäre auch schon mal Politik, Kultur oder ein Geschäft gemacht. Klassenlos und völlig ohne Dünkel – echt kölsch eben.

Und das geht schon ziemlich lange so, denn in Köln wird seit mehr als 1000 Jahren gebraut – in ehrwürdiger Tradition, strengen Regeln folgend. Schon in alten Chroniken wird Köln denn auch als das Bierhaus der Hanse bezeichnet. Die Zunft der Brauer genoss in der mittelalterlichen Stadt höchstes Ansehen und war ausgesprochen einflussreich. Noch heute sind Kölns Brauer eine Klasse für sich. In der Domstadt gilt – über das Reinheitsgebot von 1516 hinaus – die 1986 beschlossene „Kölsch Konvention“; eine freiwillige Selbstverpflichtung der vierundzwanzig Kölsch-Brauer.

Mit bindender Wirkung ist hier festgelegt, dass Kölsch nur in Köln und einigen genau bestimmten Brauereien der Umgebung gebraut werden darf. Alle Kölsch-Brauer haben sich zur strikten Einhaltung der Regeln verpflichtet und das Kölsch genau definiert. Es ist ein helles, obergäriges, hopfenbetontes Vollbier. Ähnlich detaillierte Festlegungen sind letztlich nur vom Champagner bekannt.

Jeder, der das große Bier im kleinen Glas genießt, kann also sicher sein, dass er nur beste Qualität bekommt – und nur aus Köln. Übrigens legt die Konvention auch etwas für den Namen des Bieres fest, was manchem Werbeberater gar nicht in den Kram passt: Kölsch ist Kölsch – und sonst gar nichts! – weder „Premium“- noch „Ur“- noch „Original“-. Denn Kölsch in Köln ist und bleibt etwas ganz Besonderes: ein unverwechselbares Stück Kultur.

Kunst wird in Köln beim Kölsch gemacht

Wer die Kunst des Brauens liebt, hat auch ein großes Herz für die anderen schönen Künste. In Köln und bei seinen Brauern jedenfalls ist das so. Kabarett oder Klassik, BAP oder Barde – ein Kölsch ist immer dabei. Dieser eher stille Verbund ist historisch gewachsen und aktueller denn je. Prominenter Nutznießer Kölner Brauertoleranz war Anfang unseres Jahrhunderts Max Ernst. Als der Dadaist mit seiner Gruppe Einlass in die Ausstellungsräume der Kölner Museen begehrte, wurde ihm dieser mit Blick auf seine „merkwürdige“ Kunst verweigert. Dennoch stellte er aus – in einem Brauhaus. Die Kölnerinnen und Kölner kamen, sahen – und tranken ihr Kölsch. Kunstförderung à la Kölsch ist direkt, ehrlich, klassenlos. Sind Kölns Brauhäuser längst fester Bestandteil der Kölner „Urkultur“ geworden, ziehen inzwischen auch Kölns Südstadt und das Friesenviertel mit ihren vielen Szene-Kneipen Jung und Alt aus ganz Europa an. Die Brauer werden weiterhin viel tun, um das Kölner Kulturangebot in seiner Breite und Tiefe zu erhalten. Kölns Kunstszene dankt's auf ihre Weise – und bleibt weiterhin bei der Kölsch-„Stange“.

Päffgen

Kölsch

SEIT 1883

natürlich rein obergärig

Die typische altkölnische „Weetschaff" im 19. Jahrhundert

Es leuchtete nicht über den Türen der Brauhäuser, aber es glühte am Eingang. Den Weg in die typische altkölnische Weetschaff in der Mitte des 19. Jahrhunderts wies der „Luhstock", ein Ziegel aus gepresster Gerberlohe, der neben dem Eingang in einem eisernen, korbartigen Gestell vor sich hin qualmte. Nach altem Brauch diente dieser Loh-Kuchen zum Anzünden der Pfeifen und wohl auch zum Händewärmen.

Ein zweites unverwechselbares Kennzeichen der rund 120 Brauhäuser innerhalb des alten Stadtgebietes war ein halbrunder, aus geschälten Weiden geflochtener Hopfenkorb als Wahrzeichen der Brauerei. Er baumelte vom „Grinkopp", dem fratzengesichtigen Schlussstein des Torbogens, und wer hinein wollte, musste den Korb erst beiseite schieben. Dahinter öffnete sich der Weg in den Hausflur, der an der Brauerei vorbei zu Braustube und Kellern führte – der typische Grundriss alter Kölner Brauhäuser, wie er heute nur noch in wenigen Beispielen erhalten ist. Der Hausflur diente später den „ständigen" Gästen zu einem Bier auf die Schnelle. Um 1800 hingegen war er noch einer besonderen Spezies von Leuten vorbehalten: dem Henker und seinen Knechten, den Abdeckern und den Knechten des Gewaltrichters, die das Bettelvolk zu beaufsichtigen hatten. Ihr Bier durften sie nur aus zerbrochenen Krügen ohne Deckel und niemals aus einem heilen Gefäß trinken. Die „Égalité" der französischen Revolution machte dieser Klassentrennung nominell

„Grinköppe" haben eine lange Tradition in Köln. Oft auch als Monsterkopf mit Glubschaugen und langen Metallzähnen hingen sie über Eingängen und Kellerlöchern. Wenn man eine Stange durch die Zähne steckte und ein Seil darüber warf, verwandelten sie sich flugs in sehr effektive Flaschenzüge für Waren aller Art. Oder sie hielten den Hopfenkorb, das Erkennungszeichen der Brauereien.

ein Ende – aber auch dann blieb, wie Ernst Weyden beobachtete, der Hausflur immer noch „gewissen Kreisen“ vorbehalten. Der Chronist von „Köln am Rhein vor 50 Jahren“ (1862) bemerkte zum Innenleben einer altkölnischen Weetschaff unter anderem: „In den selbst von den däftigsten Bürgern besuchtesten Bierhäusern herrscht patriarchale Einfachheit.“

Gleichwohl gliederte sich in den besseren Brauhäusern die Weetschaff in eine allgemeine Gaststube und in eine Herrenstube. In beiden herrschte ein „ungewisses Helldunkel“ (Weyden), beide waren bis zu halber Höhe mit Eichenholz getäfelt, schwere Tische und Bänke ebenfalls aus Eichenholz bildeten das Mobiliar. Auf den Tischen qualmten in eisernen Leuchtern mit kupfernem Aufsatz Talglichter („Unkelzkääze“), deren trübe sparsame Flämmchen mühsam gegen den Tabaksqualm ankämpften. Wer „zum Bier ging“, wie es damals so schön hieß, hatte den dichten Qualm erst einmal zu durchdringen, bevor er der begehrten „Pooschte“ ansichtig wurde. Das waren die frühen Vorgänger der heutigen Köbesse in den Brauhäusern, die in Krügen das Bier aus dem Keller in die Gaststätte schleppten und dort ausschenkten, bevor später im Hausflur aus dem Fass gezapft wurde.

Das Brauhaus „Zur Täsch“ in der Salzgasse (s. S. 52) war ein beliebter Treffpunkt der Händler und Marktfrauen vom nahe gelegenen Großmarkt.

Das allgemein gebräuchliche Trinkgefäß war ein Steinzeugkrug mit einem Zinndeckel. Krüge dieser Art hingen in ausreichender Zahl an den Wänden – Gläser gab es für die breite Masse der Gäste noch nicht. Solchen Luxus konnten sich nur reiche Gäste leisten, die ihr Glas mitbrachten, zum Schutz vor Bruch in ein geflochtenes Weidenkörbchen gepackt.

Dass das Bier vor 150 Jahren einer gewissen – und für uns kaum begreiflichen – Geschmacksverbesserung bedurfte, geht aus dem Umstand hervor, dass jedermann eine Muskatnuss („Beschot“) samt einer kleinen Reibe bei sich trug, mit der er Muskat in sein Bier rieb. Ein unverwechselbares Merkmal des Brauhausbetriebes war das „Thekenschaaf". Hier saß der Brauherr oder Wirt mit dem Überblick über Gaststube und Hausflur und damit über das gesamte Geschäft.

Fast in jedem Brauhaus zu finden: das „Thekenschaaf", auch Beichtstuhl genannt. Von hier wacht(e) der Brauherr über den Bierausschank, die Köbesse und seine Gäste. Abend für Abend füllen sich die Gaststuben, der Geräuschpegel wird einzig durch die Gespräche der Gäste bestimmt, höchstens zur Karnevalszeit dröhnt die Musik durch die Räume, wo dann kein Sitzplatz mehr zu bekommen ist.

Am Stammtisch versammelten sich abends „lauter würdige Männer aus der Nachbarschaft", wie Hermann Becker beobachtete: „Diese Stammgäste waren meistens Spezereikrämer, Händler, Bäcker und Metzgermeister, alles in ihrem Kreise sehr angesehene, meist auch wohlhabende Leute." Sie trugen fast immer eine Kopfbedeckung, gestickte Hauskäppchen oder eine seidene Kappe in der Woche, sonntags den Zylinder. Es fällt auf, dass an einem solchen Stammtisch eine bestimmte Schicht überhaupt nicht repräsentiert war: die so genannte „Intelligenz". Um 1860 traf sich diese wohl mehr in den zahlreichen Weinhäusern und nur zu bestimmten Gelegenheiten fand sie den Weg ins Brau- oder Bierhaus. Becker hat seine Betrachtung „Altkölnische Wirtshäuser" als einen „kleinen Beitrag zur städtischen Sittengeschichte" gemeint: „Sind auch nicht alle Wirte direkt als Träger und Pfleger der Kultur anzusprechen, so sind doch viele Wirtshäuser in gewisser Hinsicht als Stätten der Kultur zu bezeichnen. Abgesehen davon, dass schwache Charaktere durch den fleißigen Besuch von Schenkstätten in den Sumpf geraten können, manche auch dadurch hineingeraten, so haben viele Wirtshäuser jedenfalls das Gute an sich, dass durch die Geselligkeit, die darin geübt wird, die Umgangsformen gebessert und durch die Unterhaltung oft Belehrung, Anregung und Erholung geboten wird.

Jedenfalls waren die Wirtshäuser, von denen hier die Rede ist, in gewissem Sinne als Kulturstätten zu be-

Alte Kölner Brauhaus-Gemütlichkeit um 1890. Heute wie damals bestimmen Geselligkeit, Gespräch und Genuss das Zusammensein bei einem Kölsch. Und noch immer kommen abends die „würdigen Herren aus der Nachbarschaft" auf einen guten Trunk im Brauhaus vorbei.

zeichnen. Viele von den Leuten, die sie besuchten, haben – jeder zu seiner Zeit und auf seine Weise – auf den Gebieten von Wissenschaft und Kunst, Industrie und Handel, als Beamte und Offiziere in ihren Berufen ganz Tüchtiges geleistet. Man darf sogar die Behauptung aufstellen, dass sie mehr oder minder zu dem geistigen Aufschwung, der sich in der ersten Hälfte des 19. Jahrhunderts in Köln vollzogen hat, ihren Teil beigetragen haben ..."

Der Brauhaus-Gast von heute wird sich wohl beklommen fragen, ob man solches von ihm in hundert oder mehr Jahren auch noch schreiben wird. Doch man sei nicht ohne Hoffnung, wie allein Kölns Kultur-Szene beweist ...

„Gestatten: Köbes!"

Kleine Typologie des kölschen Kneipen-Kellners

Zu den typischen Merkmalen einer kölschen Weetschaff gehören: das Kölsch als solches, die kölsche Foderkaat, die Einrichtung – und der Köbes. Der wiederum gehört zur Einrichtung. Köbesse gehören zum kölschen Biertum wie et Salz en de Zupp. Niemand weiß so recht, wann sie genau die Szene der Bierwirtschaften und Brauhäuser betreten haben. Aber seit sicherlich 200 Jahren sind sie auf der Szene. Brauknechte waren sie früher, auch „Pooschte" (Burschen) genannt, die Fässer rollten, anschlugen und zapften. Ihre unverwechselbare Kleidung war das blaugestrickte Wams, der blauleinerne Schurz, die lederne Geldtasche umgeschnallt.

Das traditionelle Strickwams ist seltener geworden, oft tragen sie heute weiße oder blaue kurzärmelige Hemden. Aber sie heißen nach wie vor noch alle Köbes

(Jakob). Also ist das kein Vorname, sondern ein Gattungsbegriff – und die Mehrzahl von ihnen macht der Gattung alle Ehre. „Eß fründlich, maneerlich, vör allem grundehrlich un immer fidel: Ne prächtige Kääl!“ So reimte der Kölner Mundartdichter Peter Berchem auf die einmalige Mischung von Autorität und antiautoritärem Service. Da Köbes kein Lehrberuf ist, sondern irgendetwas zwischen Dasein und So-Sein, zwischen einer Tätigkeit und einer Weltanschauung, mangelt es dann auch am klaren Berufsbild – weshalb sich der Beobachter naturgemäß eher dem Erscheinungsbild zuwendet.
Für die Gattung allgemein gültige Merkmale wären demzufolge unter anderem folgende, gängige Klischees inklusive: – Köbesse scheinen ein zweites Gesicht für Gesichter zu haben. „Un do? E Kölsch? Wie immer?“ lautet die Frage an den Gast. Nur ganz schwer Magenkranke sollen mal mit „Nein“ geantwortet haben. Für alle anderen erledigt sich die Bestellung ebenso von selbst wie das Problem der Anredeform. Bekannte und Unbekannte, Nahe und Ferne, Eingeborene und „Imis“ sind glückliche Mitglieder der Köbes'schen Duz-Familie. Köbesse servieren links wie rechts; Besteck und Serviette hinzulegen käme ihnen nicht in den Sinn, man ist schließlich kein Serviermeister! Und klappt etwas nicht auf die Minute, dann folgt einer allfälligen Reklamation die beste aller Erklärungen auf dem Fuße: Man, Köbes, habe schließlich auch nur zwei Hände. Köbesse haben es schwer. Sie haben schwer zu schleppen und müssen lange Wege laufen, allerdings nicht mehr ganz so hektisch wie einige Kollegen von einst. Vor der Jahrhundertwende, so wird aus der „Zweipann“ des „Schebens Tünn“ berichtet, wurden an heißen Sonntagen bis zu 33 Hektoliter

Das „Kölner Blau“, wie man es heute noch in der Arbeitskleidung der Köbesse findet, war im Mittelalter ein Markenname. Das für das Färben der Leinenstoffe benötigte Waid erstanden die Blaufärber auf dem Waidmarkt. Der Straßenname „Blaubach“ erinnert noch an ihre Wirkungsstätte. Viele Kölner Straßennamen erinnern an die dort angesiedelten Handwerker und Märkte und spiegeln so das geschäftige Treiben früherer Jahrhunderte. Übrigens: Auch wenn es oft den Anschein hat, dass der Köbes stur und selbstgefällig ist, im Grunde ist er eine gute Seele, offenherzig und voller Humor, wie man hier ganz deutlich sieht.

Eine Postkarte aus dem 19. Jahrhundert beweist: Viel hat sich an der Arbeitskleidung der Köbesse seither nicht geändert. Das Kölsch dagegen war nicht von jeher das helle Obergärige, das heute ausgeschenkt wird, sondern schaumlos und von bitterem Geschmack. Kein Wunder also, dass die Wirte der altkölnischen Weetschaften ihren Stammgästen zum Neujahrstag eine Zitrone oder eine Muskatnuss zum Bier schenkten – so berichtet es jedenfalls Ernst Weyden 1862.

oder gleich 12 000 Glas Bier von ganzen zwei Köbessen und einem Stift an den Gast gebracht!

Heute hingegen liegt die Erschwernis des Köbes-Daseins auch darin, dass der dienstbare Freund bei Wind und Wetter das kalte Kölsch trinken muss, welches ihm die Gäste gern spendieren, weil ihnen ständig der Song „Drink doch eine met" im Kopf herumgeht. Da uns nun nicht im Geringsten daran liegt, die Gattung und/oder den Menschen Köbes zu veräppeln, sollte konkret von guten Eigenschaften die Rede sein: Köbesse sind fix und aufmerksam. Köbesse sind – Unikum oder Unikat? – größtenteils geborene Entertainer. Wer bei ihnen nichts zu lachen hat, ist wirklich selber schuld. Köbesse sind gute Freunde, voller mitfühlender Anteilnahme und guter Ratschläge. Köbesse kennen die Welt allein schon deswegen, weil dieselbe stets in ihrem Revier zu Gast ist – und die Welt ist eben klein.

Köbesse sind Nachrichtenbüros und Philosophen, Beichtväter und Internisten („Wat? Noch ene Schnaps? Bei dinge rude Kopp?"). Ohne Köbesse wäre die kölsche Kneipe so farblos wie der Dom ohne Schweizer. Der Reporter eines überregionalen, in Hamburg erscheinenden Publikumsmagazins hat einmal die Kühnheit besessen, bei „Früh" statt Kölsch einen Tee zu bestellen. „Biste etwa krank?" fragte der Köbes zurück. „Ich glaube, ich bin auf der Intensivstation!" Der Reporter befand: „In Köln ist der Kellner immer in der Bütt, und das Beste ist, man geht mit rein." Dass ein Köbes im Dienst jedoch mal einen amtierenden Bundeskanzler geduzt haben soll – diese Nachricht hat das besagte Magazin bislang exklusiv, ebenso wie das (mögliche) Dementi.

Die „Kölsche Foderkaat“

Spezialitäten von einst und jetzt

„Gering waren die Bedürfnisse und daher leicht und mit Wenigem zu befriedigen“, stellte Ernst Weyden („Köln am Rhein vor 50 Jahren“) in der Mitte des 19. Jahrhunderts über die Lebens- und Ernährungsgewohnheiten seiner Eltern-Generation fest. Es musste eben nicht immer Kaviar sein – in kölschen Familien ebenso wenig wie in der Weetschaff. Deftig-Nahrhaftes war an der Tagesordnung und gegessen wurde, was der Jahreszeit entsprach und Sitte und Gewohnheit gebot. In den kölschen Bürger-Haushalten von einst hatte jeder Wochentag seinen bestimmten Küchenzettel. Sonntags beispielsweise gab es „fresche Zupp“, die Fleischsuppe mit dem „grün Fleisch“, dem Suppenfleisch. Die Suppe musste regelmäßig noch bis Montag reichen. Die Gemüsebeilage richtete sich nach der Jahreszeit. Freitag, der Abstinenztag nach dem Kirchengebot, war der Stockfisch-Tag; abends wurden die Reste vom Mittag mit Kartoffeln, Zwiebeln, Milch und Butter zum beliebten „Kuschelemusch“ zusammen geschmort. Im Winter aßen die Kölner eingemachtes Gemüse – Kappes, grüne Bohnen, Rübstiel – und gepökeltes Fleisch. An bestimmten Tagen wurden die Winter-Gemüsetonnen angebrochen – alles hatte seine Ordnung, so wie Allerheiligen die Heizperiode begann, ganz gleich,

„Kölsch Wieß un e Röggelche mit Kies“, lautete einst die Bestellung. Heute kommt das Kölsch meist von selbst an den Tisch. Das Roggenbrötchen mit Holländer Käse, der so genannte „Halve Hahn“, stillt auch in unseren Tagen den kleinen Hunger, denn Kölsch ist appetitanregend!

Halver Hahn

Wer beim „Halven Hahn" auf ein halbes Hähnchen wartet, ist wohl enttäuscht vom Ergebnis seiner Bestellung. Denn der „Halve Hahn" ist eine Spezialität der besonderen Art. Und ein Kölner zelebriert das echte Mahl so: ein frisches Kölsch. Und dazu Röggelchen met Holländer Kies (Käse) und den richtigen Mostert im Döppe – das ist das wahre kölsche Paradies.

Zwei, die unermüdlich für das Wohl der Gäste sorgen: der Köbes und der „Zappes". Sorgfältig wird gezapft: 0,2 Liter passen bis zum Eichstrich ins Glas, feiner Schaum bekrönt das Glas, rasch muss es zum Gast. Kunstfertigkeit, Schnelligkeit und ein eingespieltes Team sind hier von Nöten. Da nimmt es nicht wunder, dass der Köbes den Wunsch nach einem Glas Wasser mit den Worten kommentiert „... und Seife und Handtuch dazu?" – schließlich ist das nicht ihr Metier.

wie warm oder kalt es draußen war. Nirgends fehlte unterdessen zur Abendmahlzeit der gewohnte Trunk, wie Ernst Weyden berichtet: „Auch die geringeren Bürgerfamilien tranken abends ihr Bier. Welch eine Musik der Kannendeckel abends in den Straßen, wenn die Lehrjungen und Mägde nach den Brauereien zogen, um den Abendtrunk zu holen, und welches Geklingel in den Brauereien!"

Die „kölsche Foderkaat", die Speisekarte in der kölschen Weetschaff, ist der bürgerlichen Ernährungstradition entsprechend bescheiden-deftig geblieben. Vor allem ist an ihr das Wenigste typisch kölnisch. Das Hämmchen mit Sauerkraut und Püree, die „decke Bunne met Speck", der „Soorbrode" sind von jeher rheinisch regional. Das gilt auch für „Himmel un Äd", Äpfel und Kartoffeln untereinander gestampft und Blutwurst („Flönz") mit Zwiebeln darüber. Die „enjemaate soore Fitschbunne met Rippcher" (Schnippelbohnen mit geräucherten Schweinerippchen) folgen noch der Tradition, als in jedem Haushalt ein Bohnenfass für den Winter stand. Ob Sauerbraten, saure Bohnen, Sülze oder sonst was: Den Gerichten auf den Speisekarten kölscher Gaststätten ist eines gemeinsam – sie passen allesamt hervorragend zum Kölsch.

Unverwechselbar kölsch in ihrer gewollt oder ungewollt parodistischen Übertreibung sind der „Halve Hahn", ein Stück Holländer Käse (mittelalt) auf einem Roggenbrötchen (Röggelchen) und der „Kölsche Kaviar", ein Stück Flönz mit Zwiebelringen. Apropos Parodie: Das schönste Beispiel für parodistische Selbstverleugnung auf dem Ernährungssektor stammt aus der unmittelbaren Nachkriegs-Hungerzeit. Da sangen die Volkssänger „Die vier Botze" auf die Melodie der Capri-Fischer die entsagungsvollen Verse „Bella bella bella Marie – donn dä Schinke fott, ich magen nit mieh". Das war zu jener Zeit, als die meisten Kölner nicht einmal mehr wussten, wie Schwein geschrieben wird.

12

Decke Bunne met Speck

Die „Decke Bunne met Speck" (Dicke Bohnen mit Speck) verdienen sich wirklich das Attribut „deftig rheinische Hausfrauenart". Herzhaft gewürzt reicht man hier dieses Kleinod kölscher Küche dem Gast, der nach der reichhaltigen Portion gerne noch etwas bestellt: ein zweites oder drittes Kölsch. Denn die Bunne machen nicht nur satt, sondern auch Durst.

Übersichtskarte

Anhand der Übersichtskarte können Sie sich orientieren, wo Sie gerade sind und wo sich das nächste Brauhaus in Ihrer Nähe befindet (der Boden der Kölsch-Stange lokalisiert den Ort).

Der Kölsch-Kneipen-Gast von heute wird sich daran wohl kaum noch erinnern. Er „vermacht" sich an der Nahrhaftigkeit des in reichlichen Portionen Dargereichten und lässt für einen Tag oder Abend Kalorien Kalorien und Joule Joule sein. Viele Positionen von früheren Speisekarten sind übrigens heute aus dem Angebot verschwunden. „Bierzupp" lesen wir neuerdings wieder, oder „Bottermilch-Bunnezupp" oder „Sorekappeszupp" (= Sauerkrautsuppe) und „jestuvte Murre met Brodwoosch" (= geschmorte Möhren mit Bratwurst). So etwas gab es jahrzehntelang höchstens auf besondere Bestellung. Zur Bereicherung der kölschen Foderkaat hingegen sollte anno 1987 ein Köche-Wettbewerb dienen, den die Kölner Brauer zur „Anuga" ausgeschrieben hatten. Der erste Preis ging an den Schöpfer eines Gerichts namens „Kölsche Hilligesching" (Heiligenschein), bestehend aus einem Kohlpudding mit Lachs und Rote-Bete-Kartoffeln. Den zweiten Preis errang ein „kölsches Sandwich", zusammengesetzt aus einer Scheibe Schwarzbrot, einem Reibekuchen, etwas Sauerkraut, Apfelkraut, Crème fraîche und gehackter Zwiebel. Es wird jedoch, vorsichtig gesagt, noch etwas dauern, bis sich der gemeine kölsche Gaumen auch daran gewöhnt hat. Vielleicht wären das auch der Begriffe zuviel – wo sich doch manch einer mit den Herkömmlichen schon schwer tut. Wie jener Gastro-Kritiker, der für ein überregionales Blatt den „Kölschen Kaviar" so beschrieb: Nichts anderes als Blutwurst, die in der Pfanne so lange gebraten wurde, dass sie zu lauter dunklen Krümelchen geworden ist, den Stör-Eiern nicht unähnlich. Dem Köbes, der dem Berufs-Gourmet diesen Stör-Fall untergejubelt hat, gebührt eigentlich ein Orden! Es muss aber – wie gesagt – nicht immer Kaviar sein. Und da der „Hilligesching" noch etwas auf sich warten lässt, erklären wir im folgenden Teil der Broschüre ein paar handfeste Spezialitäten – und in welchem Brauhaus es sie gibt.

Musical-Dome
Hauptbahnhof
Kostgasse
den Dominikanern
Domprobst-Ketzer-Straße
Bahnhofs-vorplatz
Andreas-kloster
Marzellenstraße
Trankgasse
Trankgasse
St. Andreas
gmauer
Dom
Heinr.-Böll-Platz
Mus. Ludwig
Philharmonie
Unter Fettenhennen
Domg.
WDR
Wallraf-platz
Roncalli-platz
Röm.-Germ.-Mus.
Bischofsgartenstr.
Kurt-Hackenbg.-Platz
Diözesan-museum
An der Rechtsschule
Am Hof
START
Gr. Neugasse
Auf dem Brand
Am Frankenturm
Am Bollwerk
Rhein
Unter-Goldschmied
Unter Taschenmacher
Becherg.
Sporergasse
Budengasse
Kleine Budeng.
Mühlengasse
Große
Brigittengässchen
Mauthgasse
Hohe Straße
Alter Markt
Groß-St.-Martin
Fisch-markt
Laurentius-Platz
Rathaus
Bürgerstraße
Salomonsg.
Marspfortengasse
Jupp-Schmitz-Plätz.
Rathaus-platz
Historisches Rathaus
Brückenstraße
Mikwe
Judeng.
Obenmarspforten
Unter Käster
Salzgasse
Mars-platz
Gülich-platz
Wallraf-Richartz-Mus.
Eisen-markt
Hohe Straße
In der Höhle
Quater-markt
Steinweg
Heu-markt
Gürze-nich
Martinstraße
Bolzengasse
Markmannsgasse
Große
Schildergasse
Gürzenichstraße
Burghöfchen
Sankt-Agatha
An
Augustinerstraße
Am Leystapel
Pipinstraße
Cäcilienstraße
Hohe Pforte
Kasinostraße
St. Maria im Kapitol
Lichhof
Am Malz-büchel
Börsengäss.
A. d. Malzmühle
Rheingasse
Overstolzen-haus
Marienplatz
KARTENGRAFIK.de

Das Flair von Köln & Kölsch

Oder: Warum hat Köln einen Brauhaus-Wanderweg?

Köln ist die Stadt der Gegensätze. Aber mit Gegensätzen ist es halt so, wie es das alte Sprichwort beschreibt: Sie ziehen sich an. Der ehrfurchtgebietende gotische Dom und das moderne Museum Ludwig – in einer einzigartigen Verbindung aus farbig-feuriger Stadthistorie und avantgardistischem Lifestyle – passen hier so trefflich zusammen und geben dem Stadtbild die attraktiv kombinierte Gegensätzlichkeit, für die Köln und sein Flair in der ganzen Welt berühmt ist.

Ganz besonders trifft das natürlich auch auf die einmalige und vielfältige Kombination aus urkölschem Traditionssinn und zeitgemäßer Bier-Kultur zu. Nehmen Sie einen tiefen Atemzug Kulturgeschichte und lassen Sie sich von uns (ver-)führen durch die Brauhistorie dieser Stadt: Sie werden auf den Stationen des Brauhaus-Wanderweges die Entfaltung der rheinischen Metropole erleben und damit neu aufleben lassen. Sie werden Zeuge(n) der lebendigen Atmosphäre von einst. Die zeitliche Distanz zwischen damals und heute können Sie auf Ihrer Spritztour durch 2000 Jahre Köln schwinden lassen. Der Weg wird Sie von der Römerzeit, als Köln seinen Namen „Colonia Claudia Ara Agrippinensium" (CCAA) erhielt, über das düstere Mittelalter mit seinen Hexenverbrennungen, weiter über die Stammkneipe von Karl Marx bis ins heutige Jahrhundert führen. Und bei einer anschließenden Erfrischung, die Sie am besten am blankgescheuerten Tisch in einem der vielen ge-

mütlichen Brauhäuser genießen, können Sie, mittels der Kölner Speise-Spezialitäten und natürlich mit einem erfrischenden Glas Kölsch, in aller Ruhe einsinken in vergangene Jahrhunderte, in Geschichte und Geschichtchen. Lehnen Sie sich nach den 13 Stationen des Wanderweges zurück, genießen Sie einfach die noch heute schmeck- und greifbare Geschichte Kölns und des Kölschs.

Wir wollen mit diesem Bierwanderweg die Kölner Bierhistorie erhalten und weiterleben lassen, die die Stadt und die Menschen der Region so richtungsweisend geprägt hat. Denn nur hier, im Schatten der Domtürme, ist eine harmonische Verschmelzung von interessanten Sehenswürdigkeiten, Stadtgeschichte und Bier-Kultur herangewachsen, die so einmalig wie erhaltenswert ist. Und deren Pflege haben wir uns zur Aufgabe gesetzt. Der Bierwanderweg ist dafür ein Beispiel, das Ihnen zudem viel Freude bereiten soll.

Auf dem Roncalliplatz herrscht das ganze Jahr über ein buntes Treiben rund um die „Himmelssäule" von Heinz Mack. Von der rheinischen Urgeschichte über die römische Antike bis zu Frankenzeit in Köln zeigt das Römisch-Germanische Museum Funde aus Alltags- und Kunstleben.

Folgende Doppelseite: Typisch kölsch: Kaum lässt die Sonne ihre ersten Frühlingsstrahlen über den Alter Markt scheinen, sitzen die Menschen vor den Brauereien und Gaststätten. Gleichermaßen genießen sie die wohlige Wärme und ihr Glas Kölsch.

ANTIQUARIAT A.SCHWARZ
GOLD

Der Brauhaus-Wanderweg

Unsere kleine Wanderung beginnt in der Straße **„Unter Taschenmacher“** vor dem Stammhaus der Brauerei **„Altstadtbräu Johann Sion“**.

Bereits 1259 wird dieses Haus zum ersten Mal unter dem Namen „Guitleiht“ in den Schreinsakten, dem mittelalterlichen Grundbuch, erwähnt. Später erhielt es den Namen „Zum roten Schilde“ oder „Haus Lichtenstein“. Diese Namen sind mit den heutigen Hausnummern zu vergleichen, nur dass die Namen etwas über das Grundstück, die Nutzung des Hauses oder etwas über deren Besitzer aussagten.

1288 wohnte hier Richard Comes, genannt Greve, ein „Medebruere“, ein Brauer, der das damals übliche Medebier, ein mit Kräutern, Malzextrakt und Honig versetztes Getreidebier, braute und ausschenkte. Ein wichtiger Grundstoff für die Bierbrauerei ist gutes Brauwasser. Da das Wasser aus einem Brunnen genommen wurde, war die Nähe eines „Pütz“ Existenzgrundlage für die Brauer. So ist es nicht verwunderlich, dass hinter dem damaligen Brauhaus einer der größten Kölner Pütze liegt, aus dem das Wasser für die Brauereien durch die Jahrhunderte hindurch geschöpft wurde. Im Jahr 1912 übernahm der Brauer Josef Schwarz die Brauerei. Er gab ihr den Namen „Dombrauerei“. Ab 1915 machte Johann Sion das Brauhaus zu einem der beliebtesten Brauhäuser der Stadt Köln. Der Volksmund verlieh ihm liebevoll den Titel „Et Dombräues“. Die Brauerei und der dazugehörige Ausschank wurden im Zweiten Weltkrieg völlig zerstört. Leider konnte die Brauerei an ihrer alten Stelle nicht wieder aufgebaut werden.

Auf den Spuren der Kölner Brauer:

Wo Sie in Köln das Schild des Kölner Brauhaus-Wanderweges (Abbildung oben) sehen, da kehren Sie beruhigt und frohen Mutes ein: Hier gibt's immer ein gutes Kölsch – und besonders viel Flair plus Brauer-Geschichte gratis.

Doch Sie finden die Plakette der Hans-Sion-Stiftung ebenso an manchem Haus, in dem heute die Kölsch-Quellen versiegt sind. Dort informiert Sie immer ein kurzer Text und diese Broschüre über das, was einst war, wie es sich entwickelt hat und ob es vielleicht eine Besonderheit gibt, die Sie unbedingt erfahren sollten.

Doch auch dann keine Sorge: Bei der nächsten Station wartet schon das nächste kühle, bekömmliche Kölsch aus der Bierstadt Köln auf Sie …

Brodwoosch

Im Brauhaus Sion gibt es leckere „Meterware": Als besondere Delikatesse der rheinischen Küche wird hier ein halber Meter „Brodwoosch" (Bratwurst) mit Wirsing und Bratkartoffeln kredenzt. Auf dünnen langen Brettern wird das leckere Gericht, nach Hausfrauenart liebevoll zubereitet, serviert.

Wenden wir uns Richtung Norden, zum Dom hin, so kommen wir an der Ecke „Unter Taschenmacher"/„Am Hof" am **„Haus Saaleck"** vorbei. Dieses Haus ist ein Bau von 1461 und im gotischen Stil erbaut. Er wird gekennzeichnet durch die typischen Kreuzfenster und Eckwarten sowie durch die achteckigen Türmchen an den Hausecken, die ursprünglich einmal Spitzdächer besaßen.

Start und Ziel des Brauhaus-Wanderweges: das Brauhaus Sion unweit des Kölner Domes.
Haus Saaleck gehörte einst einem reichen Kaufmann. Im Zweiten Weltkrieg zerstört, wurde es originalgetreu wieder aufgebaut.

Wir überqueren die Straße „Am Hof", gehen die wenigen Treppenstufen runter und biegen links ein in die **alte römische Hafenstraße.** Hier treffen wir auf unserem Rundgang auf ein erstes Zeugnis der römischen Stadtgeschichte.

Die alte römische Stadt hatte den langen Namen ***Colonia Claudia Ara Agrippinensium***, kurz gesagt also: **CCAA**. Am 6. November im Jahre 15 wurde in dem Ubierdorf „Oppidum Ubiorum" am Rhein Agrippina geboren. Ihr Vater Germanicus war der Oberbefehlshaber der römischen Rheinarmee. Ihre Mutter Agrippina (die Ältere) stammte als Enkelin in direkter Linie von Kaiser Augustus ab. Als Angehörige der kaiserlichen Familie wurde Agrippina bereits mit 13 Jahren das erste Mal verheiratet. Aus dieser Ehe mit Domitius Ahenobarbus stammte Nero, ihr einziger Sohn und spätere Kaiser. Ihr Bruder war der Kaiser Caligula.

Nach dem Tode ihres ersten Mannes heiratete sie wieder, aber auch ihrem zweiten Gatten war kein langes

Die alte römische Hafenstraße ist noch begehbar, aber nichts für Stöckelschuhe. Die Straßentrasse war ursprünglich 5,10 Meter breit. Sie wurde 1969/70 bei Ausgrabungen gefunden. Auf solch römischem Pflaster rumpelten die Wagen voller Waren nach Trier, Lyon, London, Budapest – und natürlich nach Rom. Noch im Mittelalter wurden sie für den Handel genutzt. Aber eigentlich war der Rhein die wichtigste Handelsstraße und Verkehrsader.

Leben beschieden. Der Hochzeit zwischen der machthungrigen Agrippina und Kaiser Claudius, ihrem Onkel, stand nun fast nichts mehr im Wege. Es musste nur noch das Gesetz geändert werden, das die Heirat zwischen Blutsverwandten regelte. Aber das war nur eine Formsache.

Agrippina hatte entscheidenden Einfluss auf ihren Ehemann, den Kaiser – und diesen nutzte sie gebührlich. Sie erwirkte 50 n. Chr., dass ihr Geburtsort zur römischen Colonia erhoben wurde. Außerdem erreichte sie, dass Claudius ihren Sohn Nero adoptierte, was ein Anrecht auf den Thron beinhaltete. Ihr Ehrgeiz war es, ihren Sohn Nero auf den Thron zu heben, um somit selbst die Macht über das römische Reich zu erlangen. Sie löste das Problem – wie immer – auf ihre Weise: Sie ließ Claudius vergiften und Nero 54 n. Chr. zum Imperator des römischen Reiches ausrufen. Nur fünf Jahre später, 59 n. Chr., wurde Agrippina selbst ein Opfer ihres Sohnes.

Nun bliebe noch das Wörtchen „Ara" zu erklären. Es bedeutet „Altar" und weist auf eine Kultstätte und einen Tempel bei St. Maria im Kapitol hin.

Die Pflasterung der **alten römischen Hafenstraße** entstand wohl Ende des 3. oder Anfang des 4. Jahrhunderts. Die Straße selbst war in römischer Zeit leicht gewölbt, da sich unter ihr in vorbildlicher Weise ein Abwasserkanal befand, den die anliegenden Häuser durch Holzleitungen bedienten. Dieser Kanal führte die Abwässer in ein Auffangbecken, in dem sie gereinigt wurden, ehe sie in den Rhein gelangten.

Zur Erklärung des Straßennetzes im römischen Köln ist eine Tafel rechts vor der Treppe zum **Roncalliplatz** an der Mauer befestigt. Erst seit der Zerstörung der Stadt Köln im Zweiten Weltkrieg ist der Platz südlich des Domes so frei und groß wie heute. Bis ins 19. Jahrhundert hinein war der Platz der Eingangsbereich zum Dom. Hier drängten sich Bettler, Pilger und Prostituierte. Dieser Platz sah Herrscher- und Papstaufzüge, aber auch Hinrichtungen, Mord und Totschlag. An der Ecke des heutigen Domhotels lag das bischöfliche Gefängnis, die „Hacht". Hier wurden zahlreiche Frauen als Hexen eingesperrt, verhört, gefoltert und auf dem Domhof öffentlich verurteilt. Hingerichtet wurden sie „unehrenhaft" vor den Toren der Stadt auf Melaten. Bis zu seiner Benennung „Roncalliplatz" im Jahr 1971 hatte der Platz über 100 Jahre keinen Namen. In einem Stadtplan von 1815 wurde er „Kaiser-Karl-Platz" genannt. Seinen Namen verdankte dieser große Platz einem Besuch des damaligen Nuntius von Paris und späteren Patriarchen von Venedig Angelo Guiseppe Roncalli. Er vermachte in seinem Testament dem Kölner Dom einen kostbaren Ring. Roncalli ist übrigens weit besser bekannt unter dem Namen Papst Johannes XXIII (Oktober 1958 – Juni 1963).

Auch heute noch als Speisesaal genutzt: Auf dem Dionysos-Mosaik im Römisch-Germanischen Museum dinnierten die Staatschefs aus aller Welt wie Bill Clinton, Tony Blair und Gerhard Schröder anlässlich des Weltwirtschaftsgipfels 1999.

Unter dem Roncalliplatz wurde bei Ausgrabungen für einen Luftschutzbunker 1941 das **Dionysos-Mosaik** entdeckt, über dem das Römisch-Germanische Museum errichtet wurde. Dieses Mosaik bildete den Fußboden des Speise- und Empfangszimmers einer römischen Villa, die um 225 n. Chr. erbaut wurde. Es hat eine Seitenlänge von 10,5 x 7 Metern und es wurde aus mehr als 1,5 Millionen Steinchen zusammengesetzt: im Durchschnitt 20 000 pro Quadratmeter. Das Mosaik zeigt Motive aus der griechischen Fabelwelt um den Gott Dionysos. Er, der Sohn des Zeus, war der Gott der Ekstase und der Fruchtbarkeit. In seinem Gefolge finden sich Mänaden und Satyrn, ekstatische Frauen und Fruchtbarkeitsdämonen. Heilig waren ihm die Weinpflanzen und das Efeu, als Symbole des Lebens und des Todes. Das Mosaik besteht aus Bildtafeln, deren Motive aus der Fabelwelt um Dionysos entspringen. Im Zentrum ist der Gott selber zu erkennen, trunken gestützt auf einen Satyrn.

Der **Dom** ist das sichtbare Wahrzeichen Kölns. Er befindet sich auf und an der nordöstlichen Ecke der alten Römerstadt. Es ist sehr wahrscheinlich, dass sich an dieser Stelle bereits im 2. oder 3. Jahrhundert ein frühchristlicher Kultraum befand. Im 4. Jahrhundert wurde dieses Versammlungshaus zu einer Kirche umgebaut, deren Chor im Westen lag und dem nach Osten ein großes Atrium mit Taufhaus vorgelagert war. Bis circa 870 wurde die Kirche zu einer 100 Meter langen Basilika erweitert, die von Erzbischof Willibald zum Dom geweiht wurde. Erzbischof Heribert brachte um 965 Kette und Stab des Heiligen Petrus nach Köln. Am 23. Juli 1164 wurden die Gebeine der Heiligen Drei Könige, die Erzbischof Reinald von Dassel nach der

Zerstörung Mailands zum Geschenk erhielt, feierlich in den alten Dom gebracht. Zu den Kölner Kaufleuten, die an diesem Tag ihre Waren rund um den Dom feilboten, gehörten auch einige Brauer. Hier wurde erstmals dieser Berufsstand urkundlich nachweisbar erwähnt.
Nach einem Brand, bei dem der alte Dom großen Schaden erlitt, legte Erzbischof Konrad von Hochstaden am 15. August 1248 (Mariä Himmelfahrt) den Grundstein zum heutigen gotischen Dom. Die Glocken des Domes wurden 1448 und 1449 in dem halbfertigen Südturm aufgehängt. Die „Pretiosa" war mit rund 11 200 Kilogramm die größte Glocke im damaligen Europa. So schleppte sich der Bau des Domes über Jahrhunderte dahin und aufgrund finanzieller Schwierigkeiten beschloss das hohe Domkapitel 1560 die Einstellung der Bauarbeiten.
Bis zur Wiederaufnahme der Bauarbeiten nach der erneuten Grundsteinlegung am 4. September 1842 im Beisein des Schirmherrn König Friedrich Wilhelm IV. von Preußen prägte 282 Jahre lang ein Torso die Stadtsilhouette. Der Baukran auf dem Südturm wurde so für 500 Jahre ein Erkennungszeichen der Stadt. Ende Februar 1868 wurde er demontiert. Der Nordturm hatte zu dieser Zeit die Höhe des Südturmes erreicht. Am 15. Oktober wurde der Dom endlich vollendet. In Gegenwart Kaiser Wilhelms I. wurde die Kreuzblume als letzter Stein auf den Südturm gezogen. Eine Nachbildung ist übrigens gegenüber dem Hauptportal zu sehen. Der Dom ist jetzt 152,38 Meter hoch. Seine Bauzeit betrug 632 Jahre.
Kleine zusätzliche Informationen: Am 6. Oktober 1794 zogen die französischen Truppen in Köln ein. Der Erzbischof und das Domkapitel flohen und nahmen den Dreikönigenschrein und andere Schätze mit. Der Dom wurde geschlossen und von der Armee als Korn- und Futtermagazin benutzt. Am 15. Februar 1801 wurde er per Dekret Napoleons zur simplen Pfarrkirche

Das Westportal des Kölner Domes mit seinen drei Eingängen, von denen nur der ganz rechte, unter dem Südturm, im Spätmittelalter (1370/80) vollendet wurde. Die Apostelfiguren des „Petrusportals" mussten allerdings durch Nachbildungen ersetzt werden, da sie, wie das ganze monumentale Bauwerk, unter Luftverschmutzung und Taubenkot litten. Ein beliebter Treffpunkt, will man sich nicht gleich ins Brauhaus verabreden, ist die Kreuzblume. Eine der dreizehn Tafeln an dem zehn Meter hohen Modell erklärt ihre Bedeutung neben Türkisch, Englisch, Italienisch und Deutsch – in Kölsch!

erklärt; es fanden nun aber wenigstens wieder Gottesdienste in ihm statt. Nach den großen Jubelfeiern zur Fertigstellung des Kölner Doms im Jahre 1880 kehrte erst einmal wieder der Alltag ein. Die Baugerüste, die noch während der Feierlichkeiten die Domtürme umhüllten, verschwanden. Nach dem Ersten Weltkrieg paradierten die englischen Truppen vor dem Domportal und Winston Churchill nahm als ihr Kriegsminister hier die Parade ab. Schon 1927 gab es durch die aggressive Großstadtluft Umweltschäden am Südportal, die von den Steinmetzen der Dombauhütte repariert werden mussten.

Die Nazis ergriffen 1933 die Macht, besetzten 1936 das Rheinland und der „Führer" besichtigte den Dom, allerdings nur im Modell. Nach Kriegsbeginn blieb es zunächst ruhig, doch ab dem 30. Mai 1942 begannen die Bombenangriffe auf Köln. Der Dom wurde von über 70 Bomben getroffen, das Dach völlig zerstört. Doch die Silhouette blieb erhalten, als sichtbares Zeichen des Überlebenswillens der Stadt. Am 2. November 1943 wurde ein 80 Quadratmeter großes Stück Mauerwerk durch eine Bombe aus dem Turm herausgesprengt. Gegen den Willen der Heeresleitung hatten deutsche Militäreinheiten – wie die kölsche Historie berichtet und durch einen Film von Hobbyfilmer Peter Fischer dokumentiert ist – diese Lücke mit 30 000 Ziegelsteinen geschlossen. Als „Denkmal gegen den Krieg" ist diese Plombe bis heute unverkleidet erhalten.

Wissen Sie, welche Hausnummer der Dom hat? Diese Frage gibt selbst Einheimischen ein Rätsel auf. Doch wer vor dem Hauptportal steht, sieht dort eine weiße 4 auf blauem quadratischem Grund. **„Domkloster 4"**: Das ist die korrekte postalische Adresse des Kölner Doms. Übrigens: In der Franzosenzeit erhielten alle Kölner Kirchen die zusätzliche Nummer „1/2". Frage: Welche Nummer hatte der Dom wohl damals? An dieser Stelle ist auch der Platz für eine **Sage**, die sich um

Die postalisch korrekte Adresse des Domes lautet „Domkloster 4".

den Bau des Kölner Domes rankt, verbunden mit einem anderen alten Bauwerk, der römischen Wasserleitung, der wir später neben dem Prätorium begegnen werden. Im Volksgedächtnis hatte sich immer noch das Vorhandensein der römischen Wasserleitung, die früher frisches Wasser aus der Eifel brachte, erhalten. Ihr Ursprung war aber vergessen worden. Da sie unterirdisch verlief, wurde gemutmaßt, dass sie ein Verbindungskanal zwischen Mosel und Rhein sei. Während der Dombauarbeiten soll der Teufel in Gestalt eines welschen Baumeisters dem Dombaumeister Gerhard eine Wette angeboten haben. „Wenn Ihr wollt, setze ich mein Leben zum Pfand, dass ich, eher als Ihr den Dom fertig bekommt, ein unterirdisches Wasserrohr von Trier nach Köln baue und von dort einen Bach hierher fließen lasse!" Gerhard verlachte ihn, schalt ihn einen Narren und verwettete seine Seele. Seit dem Tage hatte er keine Ruhe mehr. Er trieb seine Werkleute mehr denn je zur Arbeit an. Als er seine Seelenqual nicht mehr ertragen konnte, offenbarte er alles seiner Frau und fügte zum Schluss höhnisch hinzu: „Trotzdem ist mir nicht bange. ... Denn, weshalb kein Wasser in einem solch langen, geschlossenen Rohr zu fließen vermag, darauf kommt er nie ... Da muss nämlich alle Viertelstunden weit ein Luftloch gelassen werden. Dieses Geheimnis aber darfst du niemandem verraten!" So verging einige Zeit, den Baumeister drückten seine Sorgen mehr und mehr, vor allem auf den Magen. Er wurde mit jedem Tag missmutiger und unerträglicher, so dass seine Frau einen fahrenden Doktor aufsuchte, dessen Kundigkeit in aller Munde war. Von dem erhoffte sich die Frau des Dombaumeisters Linderung für die Qualen ihres Mannes. Ihm erzählte sie arglos die Geschichte in allen Details – doch der Arzt war niemand anderes als der Teufel selbst, der herausfinden wollte, warum seine fertig gestellte Leitung kein Wasser führe. Kurz darauf, der Dom war natürlich noch

Himmel un Äd

„Himmel un Äd" befördert den Gaumen in den Himmel: Mit den drei Hauptzutaten Kartoffeln, Äpfeln und Flönz (Blutwurst) wird ein Genuss gezaubert, der so göttlich ist, dass noch nie jemand auf die Frage kam, warum das Gericht „Himmel und Erde" heißt.

nicht fertig gestellt, hörte Gerhard eines Morgens, als er hoch auf dem Gerüst stand, ein ungewohntes Geräusch. Und als er herunterschaute, da sah er unten einen Bach, der aus einem mächtigen Rohr quoll und von dem etliche Enten sich schnatternd erhoben. Da wusste der Dombaumeister, dass sein letztes Stündlein geschlagen hatte, und er stürzte sich vom Dom. Nach diesen Geschehnissen wollte man den Dombau zu Ende bringen, doch man fand keinen Meister, dem es gelungen wäre. Eine Sage, die auf ihre Art den langen Baustopp und den unvollendeten Dom zu erklären versucht.

Gehen wir nun weiter am Hauptportal nach Norden, so erkennen wir von der Domplatte aus auf der anderen Seite der Trankgasse das Bierhaus **„Alt Köln am Dom"**. Über dem Portal gibt es verschiedene Dinge zu sehen: Die Uhr mit dem Glockenspiel, das Wappen der Stadt Köln und zwei Kölsche Boore, die Wache halten. Im **Kölner Stadtwappen** symbolisieren die drei Kronen im roten Feld die Heiligen Drei Könige, deren Gebeine im Dom verwahrt werden. Die elf Flammen im weißen Feld erinnern an die Legende von der heiligen Ursula und den elftausend Jungfrauen, die von einem Hunnenkönig vor Köln ermordet worden sein sollen. Wir gehen nun von der Trankgasse in die Komödienstraße, in Richtung der Kirche Sankt Andreas.

Die **Trankgasse** erhielt ihren Namen, weil durch sie die Pferde zur Tränke und Schwemme an den Rhein geführt wurden. Im 12. Jahrhundert hieß sie Grabengasse, da sie den äußeren Graben vor dem römischen Nordtor und der Stadtmauer bildete. An der Stelle, an der heute das „Alt Köln am Dom" zu finden ist, befand sich der 1449 gegründete „Kölner Hof", der lange Zeit das erzbischöfliche Gästehaus war. Von 1827 bis 1860 befand sich in der Trankgasse 7 das „Wallrafianum", das erste Museum der Stadt Köln und Vorgänger des Wallraf-Richartz-Museums.

Die romanische Kirche **Sankt Andreas** ist die Patronatskirche der Kölner Brauer. In ihr feiern die Kölner Brauer jedes Jahr am 29. April, dem „St. Petrus von Mailand-Tag“, das Patronatsfest mit einer Messe. Vom 7.-9. Jahrhundert stand an dieser Stelle, vor dem Nordarm der römischen Stadtmauer, ein Kirchlein, das dem Apostel Matthäus geweiht war: St. Mattaeus in fossa (im Stadtgraben). Um 870 ließ Erzbischof Willibert eine neue Kirche errichten, die auf einen anderen Patron, auf St. Andreas, geweiht wurde. In der wechselvollen Geschichte befand sich bei St. Andreas erst ein Jungfrauenkonvent, dann ein Chorherrenstift. Von etwa 1200 bis gegen 1500 wurde die Kirche ständig umgebaut, so dass von der ursprünglich ganz romanischen Kirche nicht mehr viel zu sehen ist, obwohl sie zu diesen zählt. Nach dem Zweiten Weltkrieg wurde sie von Kardinal Frings den Dominikanern übertragen, deren Kloster ursprünglich in der Stolkgasse lag.

Das pittoreske Glockenspiel am Brauhaus „Alt Köln“ spielt fünf Minuten vor 12, 15 und 18 Uhr. Das Stadtwappen Kölns ist seinen bedeutendsten Heiligen gewidmet, den Heiligen Drei Königen und der Heiligen Ursula und ihren Gefährtinnen. Unweit von hier, vor dem Erzbischöflichen Priesterseminar „An den Dominikanern“ steht ein Denkmal für die vorläufig letzte Kölner Heilige: Edith Stein. Sie wurde 1998 heilig gesprochen. So wird die Stadt auch weiterhin ihrem Ruf als „hilliges Coellen“ gerecht.

Mit den Dominikanern kam auch das gerade für die Brauer wichtige Altarbild, das so genannte **„Rosenkranzbild"** nach St. Andreas. Auf dem Triptychon in der südlichen Seitenkapelle ist auf dem rechten Flügel Petrus von Mailand zu erkennen, mit einem Schwert in der Hand und einer klaffenden Wunde im Schädel. Dieses Bild ist von Kaiser Friedrich III. 1475 den Dominikanern gestiftet worden. Auf dem linken Flügel ist übrigens Heinrich Institoris zu erkennen, der mit Jakob Sprenger den „Hexenhammer" verfasst hat. Auch Petrus von Mailand war Dominikaner. Am 6. April 1205 wurde er in Verona geboren und trat schon als junger Mann in den Orden ein. Nach seinem Studium begann eine beachtliche Karriere. Er wurde ein berühmter Prediger und später Prior. Schon zu seinen Lebzeiten war er bekannt als Kämpfer für den wahren Glauben und als Streiter für die Einheit der Kirche. Auf einer Missionsreise zur Bekehrung von Glaubensabtrünnigen nach Mailand wurde er 1252 in Farga bei Como ermordet. Sein Tod war äußerst spektakulär und erregte großes Aufsehen und Betroffenheit in der ganzen christlichen Welt. Bereits ein Jahr nach seiner Ermordung – 1253 – wurde er von Papst Innozenz IV. heilig gesprochen. Es spricht vieles dafür, dass dieser populäre St. Peter von Mailand schon kurz nach seiner Heiligsprechung von der damals stark aufstrebenden Kölner Brauerzunft zum Schutzpatron erwählt wurde. Die heutige St. Peter von Mailand Bruderschaft gibt das Jahr 1396 – die Unterzeichnung des Verbundbriefes – als Gründungsjahr an. Da die Bruderschaft jedoch ihre Wurzeln im religiösen Umfeld hatte, ist anzunehmen, dass ihre Gründung bedeutend früher stattgefunden hat. Die Notwendigkeit, gemeinsame Interessen zu vertreten, führte zur Gründung der Handwerks-Bruder-

Das Triptychon der Rosenkranzbruderschaft zeigt Maria, mit Rosenkränzen gekrönt. Zu ihrer Rechten hält Dominikus, der Ordensgründer, den einen Zipfel ihres Schutzmantels, zur Linken Petrus von Mailand, der Märtyrer des Dominikanerordens und Patron der Brauer, den anderen. Das Altarbild entstand um 1500 in der Werkstatt des Meisters von St. Severin, wahrscheinlich als Ersatz für ein älteres, schlichteres Gemälde.

schaften. Man brauchte den Schutz der Heiligen und die Nähe zum Glauben. Man suchte und fand Heilige, die entweder durch ihre Lebensgeschichte oder ihr vorbildliches Verhalten einer Bruderschaft Schutz und Ansehen verliehen.

Die **Komödienstaße** verläuft in der Verlängerung der Trankgasse in Richtung Westen. Sie folgt dem Verlauf der römischen Stadtmauer. Im 12. Jahrhundert hieß sie Armengasse, im 13. Jahrhundert Schmierstraße. Hier hatten die Ärmeren ihre Behausungen. Die Bezeichnung „Schmierstraße" weist auf die hier ansässigen Fetthändler und Talgmenger hin. Der heutige Name sagt uns, dass hier das erste steinerne Theater Kölns stand. Es wurde 1782/83 auf den Grundstücken Haus 40/42 errichtet. Ehe sie hier eine feste Bleibe fanden, spielten die „Komödianten" in hölzernen Buden auf dem Heumarkt oder Neumarkt.

An der Ecke Komödienstraße/Andreaskloster befand sich das berühmte Bierhaus **„Zur Ewigen Lampe"**. Seinen Namen hatte es dank der Tatsache erhalten, dass in dem Lokal die Lichter erst am frühen Morgen erloschen. In der zweiten Hälfte des 19. Jahrhunderts verkehrte hier die Intelligenz und Prominenz: Karl Marx; Hermann Becker, der spätere Oberbürgermeister von Köln; Hoffmann von Fallersleben; die Industriellen Farina, Mühlens, de Noel; aber auch Conradin Kreutzer, Ferdinand Hiller und Jacques Offenbach.

Das Bierhaus und Hotel „Zur Ewigen Lampe" an der Ecke Komödienstraße/Andreaskloster. Vor allem bei der Prominenz und Intelligenz war es beliebt, vielleicht, weil in der Nachbarschaft das erste steinerne Theater Kölns errichtet worden war und so zur Unterhaltung der Kölner Bürger beitrug.

Überqueren wir wieder die Trankgasse und biegen wir in die Straße ein, die den sinnreichen Namen **„Unter Fettenhennen"** trägt. Auf der rechten Seite befindet sich das Verkehrsamt der Stadt Köln, ein wenig weiter – an der Nachbildung der Domkreuzblume vorbei – das Café Reichard, dessen Gründerzeitfassade trotz eines Neubaus erhalten geblieben ist.

Aber nun zu der sonderbaren Bezeichnung „Unter Fettenhennen": Der Hausname „zu der vetter hennen" ist in einer Steuerliste aus dem Jahr 1478 belegt. Neben dem so benannten Haus befand sich die Brothalle von 1270. Von den dort abfallenden Brotkrumen und Brösel haben sich die benachbarten Hühner ernährt und selbst gemästet.

Der Drucker und Buchhändler Franz Birckmann machte sich diese Anekdote zu Eigen und zu seinem Firmenzeichen: ein fette Henne, die ihre Küken beschützt. So kam die Bezeichnung über den Firmennamen zum Hausnamen und schließlich zum Straßennamen. „Unter Fettenhennen“ war lange Zeit die Straße der Kölner Buchdrucker und Buchhändler. Die Nachbarschaft zum Dom, zur Theologischen Fakultät und zur Rechtsschule machte diese Lage äußerst attraktiv. Im 16. Jahrhundert gab es über 100 Verleger und Drucker in Köln. Leider ging ihre Zahl und auch die Zahl der von ihnen gedruckten Bücher zurück, da die strenge Zensur durch das Domkapitel nur „theologisch einwandfreie“ Literatur zuließ, also solche Bücher, die der damaligen Lehrmeinung entsprachen. So wurden im Zuge der Gegenreformation im nahe gelegenen Domhof am 12. Oktober 1520 die Schriften von Martin Luther verbrannt. Die Drucker, die es wagten, die Schriften Luthers zu verbreiten, wurden verfolgt, ins Gefängnis geworfen oder ins Exil geschickt.

Die Straße „Unter Fettenhennen“ mündet in den **Wallrafplatz**. Dieser Platz, der durch eine Kinderserie bundesweit bekannt wurde („Der Spatz vom Wallrafplatz“), ist benannt nach Franz Ferdinand Wallraf, der 1748 in Köln geboren wurde. Er studierte Naturwissen-

Von der Hohe Straße durch die Stollwerckpassage gelangt man zum „Cölner Hofbräu P. Josef Früh“. Im Sommer stehen Tische und Stühle vor der Tür. Wer hier Rast einlegt, kann in Ruhe den Brunnen betrachten, der an die Kölner Sage von den Heinzelmännchen erinnert und zum 100. Geburtstag des Dichters August Kopisch 1899 errichtet wurde.

schaften, Philosophie und Theologie und wurde im Dom zum Priester geweiht. 1769 wurde er Professor und von 1793-1798 war er der letzte Rektor der alten Universität Köln. Er war der erste Stadtkonservator Kölns. Ihr vermachte er auch seine umfangreiche Kunstsammlung. Die Stadt gründete auf dieser Basis das „Wallrafianum“, das erste städtische Museum in der Trankgasse. Am Wallrafplatz nimmt die **Hohe Straße** ihren Anfang. Hier befinden wir uns weiterhin auf urrömischen Boden, denn diese Straße war bereits die Grundachse für die von den Römern angelegte Ubiersiedlung *Oppidum Ubiorum*, die dann 50 n. Chr. zur römischen Kolonie erhoben wurde. Heute hat die Hohe Straße eine Breite von etwa 6 Metern, früher betrug sie mehr als das 5-fache. Mit einer lichten Weite von 32 Metern von Hausfront zu Hausfront übernahm sie das Format der römischen Limesstraßen. Sie muss damals eine Prachtstraße gewesen sein, da sie hier beidseitig von Laubengängen begrenzt war, unter denen Römer und Ubierinnen flanierten.

Wir gehen nur ein Stück in die belebte, autofreie Einkaufsstraße, die mit ihren bunten Lichtreklamen von jedem Besucher Kölns gerne fotografiert wird, um dann links in die Stollwerckpassage einzubiegen. Tritt man aus der Passage wieder ins Freie, so steht man unvermittelt vor einem alten Kölner Brauhaus, dem **„Cölner Hofbräu P. Josef Früh“**. Schauen wir, vor dem Eingang stehend, nach oben, so erblicken wir einen „alten Bekannten“. Ein Relief stellt unverkennbar St. Peter von Mailand dar, dem das Schwert im Kopfe steckt und das Messer in der Brust. Peter Josef Früh gründete 1904 sein Brauhaus am Hof. „Cölner Hofbräu“ bezieht sich nicht auf eine fürstliche Brautradition, sondern auf die Lage des Hauses. Bevor P. Josef Früh „an den Hof“ zog, hatte er bereits von 1895 bis 1898 eine Brauerei in der Apostelnstraße. Im heutigen Vorderhaus befand sich übrigens das „Central-Theater“.

Geschäftiges Treiben in der Hohe Straße, der Einkaufsmeile Kölns schlechthin. Schon vor 2000 Jahren ließen in der „cardo maximus“ genannten Straße Ubier und Römer ihren kritischen Blick über die Auslagen schweifen, damals wie heute wurden hier Mode, Schmuck und Haushaltswaren feilgeboten. Und damals wie heute ist ihre „hohe“ Lage für Händler unentbehrlich: Sie liegt hochwassersicher!

Über dem Eingang vom „Früh" hängt das Relief des Heiligen Petrus von Mailand, dem Schutzpatron der Brauer. Das Schwert in seinem Schädel zeugt von seinem Martyrium. Angerufen wurde der Heilige wohl gegen Unwetterschäden bei der Hopfen- und Gerstenernte, vielleicht auch, dass er den guten Bierdurst der Gäste erhalten möge.

Das Umfeld um das Brauhaus war gediegen. Benannt ist die Straße **„Am Hof"** nach dem erzbischöflichen Hof, den Reinald von Dassel 1163 neu errichtet hatte und der 1674 abgebrochen wurde. Sie gehörte also zum erzbischöflichen Herrschaftsbereich. Der Hof war eine Stadt in der Stadt: Hier befand sich die erzbischöfliche Kornkammer, die Küche, die Bäckerei (und wahrscheinlich auch das Brauhaus, da es hier einen Pütz gab), der Weinkeller sowie der Fleischhof und der Plückhof, in dem das erzbischöfliche Geflügel gerupft wurde. Am Rande waren die Waffenschmiede, die Sporenmacher, die Helmschläger, nach denen der südliche Teil der Straße ursprünglich benannt war, und die Gürtel- und Taschenmacher hatten hier ihre Werkstätten. „Am Hof" stand aber auch der „Brabanter Hof", das Geschenk, das die Kölner dem Sieger der Schlacht von Worringen 1288 machten. Jan I. von Brabant, der eine glänzende Rittergestalt war, hatte sich – so wird berichtet – als Ehrenmitglied in die Brüsseler Brauergilde aufnehmen lassen, sein Bildnis wurde im Gildesaal aufgehängt. Im 18. Jahrhundert errichteten hier Großbürger, Ärzte und Juristen ihre feudalen Domizile. Verlassen wir das Brauhaus Früh und gehen wir weiter in Richtung Rhein. Wir lassen den Heinzelmännchen-Brunnen, 1899 von E. und H. Renard nach der Kölner Legende erbaut, links liegen, überqueren Sporergasse und „Unter Goldschmied" und machen vor dem Eingang des Rema-Hotel Europa halt. Vor diesem Eingang geht rechts ein Durchgang unter den Häusern in den Innenhof des Karrees.

Dies ist das Pützgässchen, das auf der Seite von der Kleinen Budengasse aus historisch falsch mit Laurenzgittergässchen bezeichnet ist. Wir befinden uns übrigens auf der Rückseite des Brauhauses SION. Hier war der Pütz, der diese Brauerei mit frischem Brauwasser versorgte. Das eigentliche **„Laurenzgittergässchen"** befand sich da, wo heute der so genannte Spanische

Gambrinus – der König des Bieres

Gambrinus wurde nur irrtümlich zum „König des Bieres". Der Schutzpatron der Brauer verdankt seinen Namen schlichtweg einem Druckfehler: Tacitus hat in seiner „Germania" unter anderem die „Gambrivi" als germanischen Stamm erwähnt. Auf Umwegen wurde dann aus dem Namen „Gambrivius" für einen germanischen Herrscher die Form „Gambruius". 1574 taucht dann der Name „Gambrinus" erstmalig in den Niederlanden auf, was wiederum auf einen Druckfehler im Register einer früheren Dichtung zurückzuführen ist, in der es „Gambrinius" geheißen hatte. Willkürlich wurde ein Gambrinus auch mit den Brauern in Verbindung gebracht: Jan I. (Jan-Primus) von Brabant, der die berühmte Schlacht bei Worringen gewann, wurde zum Volksheld, da er durch den Sieg den Grundstein für das Wachsen der Stadt legte. Und sein Bild hing fortan in Zunfthäusern der Brauergilden.

So wurde aus einem Mythos der Schutzpatron des Bieres. Die Kölner Brauer, Jünger des heiligen Petrus von Mailand, hörten wohl erstmals 1794 durch den Einmarsch der Franzosen, die Gambrinus ins Rheinland mitbrachten, von diesem „Schutzpatron des Bieres".

Bau des Rathauses steht. Das Gitter bildete die Grenze zum jüdischen Getto.

Aus dem Pützgässchen biegen wir nach links in die Kleine Budengasse ein, die nach den hier im Mittelalter lebenden Rathausboten benannt ist. Auf der anderen Straßenseite befindet sich der Spanische Bau des Rathauses. Bei den Ausschachtungsarbeiten für diesen Bau wurden 1953 die Grundmauern des **römischen Statthalterpalastes** entdeckt. Bereits im Mittelalter hatte man durch den Fund eines Gedenksteins Hinweise erhalten, dass dieser Palast hier gestanden haben könnte, aber erst die Aufräumarbeiten und die Vorbereitungen für die neue Bebauung nach dem Zweiten Weltkrieg ließen ein systematisches Graben zu.

Als Maximilian I. bei Kölns Brauern versackte ...
1505 fand in Köln der Reichstag statt. Kaiser Maximilian I. ritt von seinem Quartier in der Brückenstraße zum Festbankett zu seinen Ehren. Dort kam er nie an. Ein Gewitter ging nieder und er suchte Schutz im Brauer-Zunfthaus. Diese nutzten die Stunde und bewirteten ihn mit Speis und reichlich Trank. Das improvisierte Mahl soll neun Stunden gedauert haben. Ob das Gewitter so lange anhielt, ist nicht bekannt. Bekannt ist: Maximilian kam nie beim Bankett an. Die offizielle Erklärung lautete: „Verhindert durch Regen."

Das **Prätorium** war der Sitz des Befehlshabers der römischen Truppen am Niederrhein. Es wird vermutet, dass der erste Bau bereits um 14 n. Chr. hier gestanden hat. 69 n. Chr. wird im 2. Bau des Prätoriums Aulus Vitellius, der Kommandierende des niedergermanischen Heeres, von den Truppen zum Kaiser ausgerufen. Dabei wird ihm das im Marstempel aufbewahrte Schwert Caesars überreicht. – Der 2. Bau fiel wahrscheinlich einem Brandanschlag zum Opfer, wurde um 184/85 unter dem Statthalter Didius Julianus wieder aufgebaut. Die großzügige Anlage beherbergte Kult- und Empfangsräume, Verwaltungszimmer, aber auch die private Wohnung des Statthalters, quasi das „Weiße Haus" in Köln. Es wurde im Laufe der Zeit mehrfach verändert und erweitert. In der ersten Hälfte des 4. Jahrhunderts wurde abermals ein Neubau errichtet, dessen Vollendung aber eher auf das Ende des Jahrhunderts schließen lässt. 90 Meter lang erstreckte sich seine Front entlang des damaligen Rheinufers. Er war gleichmäßig gegliedert, die Mitte bildete ein Oktagon, das vermutlich als Empfangshalle diente. Dieser letzte Bau diente wahrscheinlich noch bis ins 6. Jahrhundert als Residenz fränkischer Kleinkönige aus der merowingischen Königssippe; im Anschluss war das Prätorium Amtssitz und Pfalz der fränkischen Statthalter. Von den Karolingern wurde es nicht mehr benutzt und ist im Laufe der Zeit verfallen. Wer die Grundmauern des Prätoriums besucht, kann auch einen zweiten Bau besichtigen und begehen: ein über 100 Meter langes Stück des **römischen Abwasserkanals.** Ein perfektes und leistungsfähiges Kanalnetz, das um die Mitte des 1. Jahrhunderts entstanden ist und ein Meisterwerk römischer Ingenieurskunst darstellt: Eine Kombination von Aquädukten, mannshohen Kanalgängen sowie Entschlammungsanlagen sorgte außerdem dafür, dass täglich 24 000 Kubikmeter reinsten Wassers aus der Eifel nach Köln flossen. Dort gelangte das Wasser mittels Druckleitungen zu öffentlichen Gebäuden, Thermen, Straßenbrunnen und in die vielen Privathaushalte. Sowohl die Frischwasserleitung als auch die Abwässerkanäle verfielen bereits im frühen Mittelalter.

Nach der Exkursion in die Unterwelt geht es nun überirdisch weiter. Von der Kleinen Budengasse aus biegen wir in die Bürgergasse ein. Auch hier wohnten Bedienstete des Rathauses. Vor dem Rathausturm führt eine Treppe hinunter zum Alter Markt. An dieser Stelle verlassen wir das römische Köln. Zur damaligen Zeit floss dort, wo heute der Alter Markt ist, der Rhein. Zwischen der Martinsinsel und dem hochwasserfreien Plateau der Stadt lag der Hafen. Die Treppe veranschaulicht sehr sinnlich die Grenze der Stadt. Nach der Römerzeit versandete der Hafen. Die Trockenlegung erfolgte im 10. Jahrhundert. Der **hohe Ratsturm** wurde 1407-1414 als Siegeszeichen der Zünfte, aber auch als Zeichen ihres Selbstbewusstseins nach der Entmachtung der Patrizier erbaut. Unter der Uhr an der Ostseite des Turmes zum Alter Markt hängt eine meterhohe, geschnitzte Maske. Sie stellt ein bärtiges Männergesicht dar, den so genannten „Platzjabbeck", den Schnapper

Der Ratsturm gilt als ein Meisterwerk der Spätgotik. Im Zweiten Weltkrieg wurde er völlig zerstört und seit 1975 wieder aufgebaut. Statt ursprünglich 150 Figuren zieren ihn nun 124 kölnische Persönlichkeiten aller Jahrhunderte, etwa Konrad Adenauer, Willi Ostermann und die Frauenrechtlerin Mathilde von Mevissen, Papst Urban VI., Friedrich Spee und Kaiserin Theophanu.

Der Platzjabbeck am Ratsturm reißt zu jeder vollen Stunde seinen Mund auf und streckt seine große Zunge heraus. Schon Mitte des 15. Jahrhunderts hat sich solch eine Darstellung hier befunden, diese stammt allerdings von 1975, als der Ratsturm nach den Zerstörungen des Zweiten Weltkrieges ein neues Figurenprogramm erhielt. Er ist aber nach historischen Fotos möglichst detailgetreu geschnitzt worden.

(Jabber) vom Platz (Rathausplatz). Der Platzjabbeck sollte den vertriebenen Patriziern verkünden, dass die Kölner auf der Hut seien und aufpassten, dass die verjagten Herren nicht zurückkämen, um den Zünften die Macht streitig zu machen.

Der **Alter Markt** ist der ehemalige Hauptplatz der Stadt Köln. Hier wurden im Mittelalter die Turniere ausgetragen. Hier bauten die wohlhabenden Bürger ihre Häuser. Für sie war der Markt eine Goldgrube: „e jolde Böddemche". Hier spielte sich das öffentliche politische Leben ab, mit Volksaufläufen und Hinrichtungen. Ein Besucher der Stadt Köln beschrieb 1802 den Alter Markt als „Markusplatz Kölns". Um 11.11 Uhr wird übrigens an Wieverfasteloovent (Weiberfastnacht) hier der Straßenkarneval eröffnet.

Wenden wir uns nun zu allererst der vom Ratsturm aus gesehen linken oberen Ecke des Alter Marktes zu. Dort finden wir die **Mühlengasse** (lateinisch *platea molinendinorium*). Der Name stammt von den einst mitten im Rhein verankerten Rheinmühlen. Diese Mühlen mahlten das Mehl für die Kölner Bevölkerung. Die Mühlengasse war die Verbindung vom Rheinhafen und den Stapelhäusern zum Alter Markt. Sie war also eine wichtige und belebte Straße – und damit auch ein ausgesucht guter Platz für ein Brauhaus. Im Jahre 1544 wird in den Steuerbüchern der Stadt mit der Anschrift Mühlengasse Nr. 1 erstmals ein solches erwähnt, das **Brauhaus „Zum Kranz"**. Da es eine größere Menge von gebrautem Bier voraussetzte, in den städtischen Steuerbüchern geführt zu werden, war das alte Brauhaus „Zum Kranz" wohl ein sehr beliebter und bekannter Treffpunkt. Dafür spricht auch die mehrfache Erwähnung im berühmten Tagebuch des Kölner Brauers, Weinhändlers, Ratsherren und Historikers Hermann von Weinsberg aus dem 16, Jahrhundert. Einen ersten bildlichen Nachweis des Hauses findet man im Straßenplan von Franz Kreuter aus dem Jahre

1748. Er zeigt ein dreistöckiges Haus mit zwei Eingängen. Ein Foto aus der Zeit um 1890, auf dem auch die Beschriftung des Hauses als Brauhaus „Zum Kranz" zu erkennen ist, blieb ebenfalls erhalten. Als erster nachweisbarer Brauer und Besitzer des Hauses wird 1780, also kurz vor Ende der reichsstädtischen Zeit, Wilhelm Lammertz genannt. Ihm folgten etliche Generationen von Kölner Brauherren. Durch die Gründung vieler industrieller Braubetriebe kam im Jahre 1898 das Ende des Brauhauses „Zum Kranz". Die Baumwollspinnerei F. Brügelmann, gegründet im Jahre 1822, war so erfolgreich, dass sie ihren ursprünglichen Standort in der Großen Neugasse erweitern musste. Durch Zukauf entstand nun nach und nach ein neues Firmengelände mit Schwerpunkt in der Mühlengasse. Hierin ging auch das Haus „Zum Kranz" auf. 1907 baute Brügelmann das repräsentative Gebäude in der Mühlengasse, das im Zweiten Weltkrieg bis auf die heute wieder restaurierte Fassade zerstört wurde. Hinter ihr sind nun schöne Wohnapartments zu finden – und nach fast 100-jähriger Pause auch wieder ein Brauhaus: **das Peters Brauhaus.**

Kölns jüngstes Brauhaus eröffnete im November 1994. Auf traditionsreichem Boden und im Geiste des alten

Auf einer Fotografie von 1890 ist die „Muusfall" (Mausefalle) genannte Rheinbrücke der Köln-Mindener Eisenbahn zu erkennen. Im Vordergrund, in der Mühlengasse, steht das Brauhaus „Zum Kranz". Im Peters Brauhaus lebt dort die Brautradition fort.

Soorbrode
Im kölschen Brauhaus sollte man eine typisch rheinische Köstlichkeit probieren, den „Soorbrode" (Sauerbraten). Gereicht wird die einmalige Spezialität wie „annodazumal" mit Kartoffelklößen und Apfelmus. Wer den Braten nachkochen will, wie er ihn hier serviert bekommt: Die genaue Zusammensetzung der Würzmischung ist das Geheimnis.

Der Brauerei-Ausschank der Privatbrauerei Gaffel am Alter Markt.

Brauhauses „Zum Kranz" bereicherte die **Monheimer Brauerei Peters & Bambeck** damit die Brauhaus-Szene in Köln und am Alter Markt um ein neues gutes Stück, das gastronomisch wie historisch alles bietet, was zu einem originalen und originellen Kölner Brauhaus gehört. Dort ist nicht nur ein frisches Kölsch zu finden, sondern an den Wänden auch so manche Rarität aus der Kölner Brauerhistorie.

Gehen wir nun auf der gleichen Seite des Alter Marktes zur nächsten Ecke. Wie herrschaftlich die Häuser an diesem Platz einmal aussahen, das erkennt man noch heute an dem Doppelhaus Alter Markt 20-22, Ecke Lintgasse. Dieses wunderschöne Haus ist heute der Brauerei-Ausschank der **Privatbrauerei Gaffel** und wurde zum ersten Mal im Jahre 1215 erwähnt. Vor dem Haus befand sich der Teil des Alter Marktes, auf dem es Äpfel zu kaufen gab – deshalb der Name „Zur Britzele am Apfelmarkt". Im Jahre 1580 wurde die nördliche Seite, also die linke Seite des Hauses, von dem Steinmetzmeister Benedikt von Schwelm gekauft. Er erweiterte das Haus um einen schönen Zwillingsbau. Da es damals keine Hausnummern gab, behielt der ältere Bau seinen Namen „Zur Bretzel", der Zwillingsbau trägt den Namen „Zum Dorn", später „Zur goldenen Sonne". Bereits in den Aufzeichnungen über das Leben im Köln des 16. Jahrhunderts bezeichnete der Ratsherr Hermann von Weinsberg dieses Haus als „ein Kleinod".
Das Haus hat eine sehr wechselvolle Geschichte hinter sich. Von 1910 bis 1912 wurde es von Grund auf restauriert. Im Zweiten Weltkrieg brannte es völlig aus. Unter großem finanziellem Aufwand wurde es 1955 wieder aufgebaut. Wie wir sehen: Es hat sich auch gelohnt! Der Brunnen in der Mitte des Alter Marktes wurde 1884 zur Verschönerung der Stadt Köln errichtet. Er zeigt einen Reitergeneral des Dreißigjährigen

SÜNNER
KÖLSCH
ORIGINAL BRAUEREIABFÜLLUNG
SÜNNER
SÜNNER
KÖLSCH
SÜNNER
Kölsch von seiner schönsten Seite

Krieges. Sein Name ist: **Jan van Werth.** Auch um ihn rankt sich eine alte Legende: Die Geschichte vom verschmähten Liebhaber, der in den Krieg zieht, dort eine steile Karriere macht und als berühmter Mann in Köln mit seinen Truppen wieder einzieht. Unter dem Severinstor sieht er eine Frau, die Äpfel feilbietet. In ihr erkennt er seine damals angebetete Griet, die nicht über ihren Stand hinausgekommen ist. Sie sehen sich an und es kommt zu den berühmten Worten: „Jo Griet, wer et hät jedonn." – „Jo Jan, wer et hät jewoß." Übertragen: „Ja Griet, wenn du mich genommen hättest, dann ginge es dir anders." – „Ja Jan, wenn ich gewusst hätte, was in dir steckt, dann hätte ich dich geheiratet."
Nach einem Besuch in der „Bretzel" gehen wir durch die Lintgasse, Brigittengässchen, an Groß St. Martin vorbei, zum Fischmarkt. Von hier haben wir einen schönen Blick auf das Panorama von Groß St. Martin mit den schmalen, spitzgiebeligen Häuschen der Altstadt.

Auch in der Lintgasse befindet sich ein ehemaliges Brauhaus: Es wurde **„Zum Reiter"** genannt. In den Kölner Schreinsbüchern wurde es erstmals im Jahre 1630 erwähnt. Wilhelm Scheben nennt als letzten zunftmäßigen Brauer Johannes Wolter. Im Brauerregister taucht es im Jahre 1838 auf. Brauer war Balthasar Hummelsheim. Nachdem der Besitzer mehrfach gewechselt hatte, kehrte es unter seinem letzten Besitzer Gottfried Hummelsheim in die Familie zurück. Die bekannte Brauerfamilie Hummelsheim betrieb im 19. Jahrhundert in Köln vier Brauhäuser, unter anderem den berühmten „Decke Tommes" in der Glockengasse. Die Brauerei „Zum Reiter" wurde im Jahre 1861 eingestellt. Das Gebäude stammte von 1651 und wurde 1899 durch ein neues ersetzt.

Noch etwas zur Geschichte dieses Viertels: Bereits zur Zeit der Römer war dieser Teil der Stadt besiedelt. Von hier aus führte die feste Brücke zum *Castrum Divitium*,

In der Lintgasse, die ihren Namen von den „Lindschleißern" hat, die aus Lindenbast Körbe für den nahen Fischmarkt flochten, stand das Brauhaus „Zum Reiter".

Rund um die romanische Kirche Groß St. Martin liegen viele malerische Höfe mit kleinen Cafés und Kneipen, aber auch Boutiquen und Antiquitätenläden.

Tünnes & Schäl

Am 30.4.1974 wurden im Rahmen eines Straßenfestes die in Bronze gegossenen Figuren von Tünnes & Schäl aufgestellt. Zum Zeichen, dass die beiden zu den Bürgern, zu den Menschen der Stadt gehören, stehen sie nicht auf einem Sockel, sondern sind „bodenständig" dargestellt worden. Sie stehen also mit beiden Füßen auf der Erde der Domstadt Köln.

dem befestigten Kastell auf der rechten Rheinseite, dem heutigen Deutz. Auf der Martinsinsel gab es Mitte des 1. Jahrhunderts eine Sportanlage mit einem Schwimmbecken für römische Soldaten. Ab Mitte des 2. Jahrhunderts ist eine neue Platzanlage nachzuweisen, die an drei Seiten von insgesamt vier Hallen eingegrenzt war. Die südöstliche Halle bestimmte den dreischiffigen Grundriss der romanischen Kirche **Groß Sankt Martin.** Sie wurde auf den Grundmauern der Halle erbaut. Ab dem 10. Jahrhundert entstand rund um Groß St. Martin ein Kaufmanns- und Händlerviertel. Ein wenig von der mittelalterlichen Atmosphäre dieser Tage vermögen noch die engen Gassen und die schmucken Bürgerhäuser zu vermitteln.

Das Karree Fischmarkt, Salzgasse und „Unter Käster" weist darauf hin, dass Köln auch eine Fischereistadt war. Die Fischer hatten eine eigene Zunft und Gaffel. Die Bezeichnung **„Fischmarkt"** spricht für sich. Er wurde im 12. Jahrhundert zum ersten Mal erwähnt. In der Salzgasse hatten die Salzhändler ihre Geschäfte. Hier wurde nicht nur das Salz zum Einpökeln der „Kölner Heringe" en gros verkauft, sondern auch die Hausfrauen konnten für ihren Bedarf das Grundgewürz hier erhalten. Tonnen und Kisten für gepökelten Fisch wurden von den Handwerkern in der nach ihnen benannten Straße „Unter Käster" gefertigt. Wir gehen an Groß St. Martin vorbei, die Treppe hinunter zum Stapelhaus, rechts durch die Mauthgasse zum Fischmarkt. Wenn man an einem schönen, lauen Sommerabend die zahllosen Touristen und einheimischen Gäste hier auf dem Platz sitzen und sie vielleicht eine gebackene Forelle und einen Heringsstip essen sieht, ahnt man noch ein wenig von dem regen Treiben, das sich an dieser Stelle Kölns im Laufe der vielen Jahrhunderte abgespielt hat.

Der Fisch spielte hier immer die Hauptrolle, denn Köln war damals eine Fischmetropole wie heute Hamburg oder Bremen. Von Köln aus wurden gesalzene Fische in Tonnen, die mit einem Brandkennzeichen als Gütesiegel versehen waren, bis weit in deutsche Lande hinein versandt.

Aus dem Fischkaufhaus wurde später das Stapelhaus, das aber auch im Jahre 1900 stillgelegt und in ein naturkundliches Museum umgestaltet wurde. Ein Nachbau des im Zweiten Weltkrieg zerstörten Stapelhauses steht heute als „Haus des Kölner Handwerks" wieder an der gleichen Stelle. Die „Schokoladenseite" des Fischmarktes ist allerdings die spitzgiebelige Häuserzeile mit dem mächtigen Turm von Groß St. Martin im Hintergrund. Sie ist eines der Glanzlichter der Altstadt und eine herrliche Kulisse für ein Abendessen im Freien. Am Rheinufer, dem Fischmarkt vorgelagert, liegt die Frankenwerft. Unser Weg geht nun weiter vom belebten Platz des Fischmarktes über den Buttermarkt ein wenig bergauf in die enge Salzgasse. Geht man den **Buttermarkt** hinab in Richtung Deutzer Brücke, so befindet sich ungefähr in der Mitte das Haus mit der Nr. 32, die heutige Gaststätte „Haxenhaus zum Rheingarten". Hinter diesem Namen verbirgt sich die ehemalige Bierbrauerei **„Zum verlorenen Sohn"**. Welch ein Name für ein Brauhaus, da bieten sich die Assoziationen haufenweise nur so an!

Doch zurück zu den Fakten: Das Haus Nr. 32 wurde zum ersten Mal 1479 als Haus „Königsstein" erwähnt. Als letzter zünftiger Braumeister in der Zeit vor der französischen Revolution wurde ein Mathias Segschneider genannt. Im Brauerregister steht als Besitzer im Jahre 1838 Cornelius Schiefer. Ihm folgten bis zur Einstellung der Brautätigkeit im Jahre 1882 weitere sieben Brauer, was bedeutete, dass hier alle sechs Jahre der Besitzer gewechselt hat. Hohe Fluktuation würde man das heute nennen. Der Buttermarkt ist nicht, wie man aus dem Namen schließen könnte, ein weitläufiger Platz, sondern eine enge, von vorragenden Hausern

Das Gasthaus „Haxenhaus zum Rheingarten" hieß einst „Zum Verlorenen Sohn" und wurde bereits 1479 erstmals urkundlich erwähnt. Es liegt am Fischmarkt, wo im Mittelalter das Fischstapelhaus stand. Die Stadt Köln besaß das Monopol auf den Heringshandel im gesamten Mittelrheingebiet. Heute kann man hier in einem der zahlreichen Lokale einkehren.

1626 steht auf der Fassade des „Brauhaus Sünner im Walfisch", doch erst seit 1935 ziert sie dieses Haus. Als die Häuser der benachbarten Tripsgasse abgerissen wurde, versetzte man diesen wohlgeformten Stufengiebel Stein für Stein hierher. Der schöne Walfisch schmückt und bezeichnet wie einst das Gebäude.

gesäumte Gasse, wo sich an Wochenenden die Altstadtbesucher dicht an dicht drängen. Hier reihte sich in alter Zeit ein stolzes Bürgerhaus an das andere. Die Häuser haben heute zwei Straßenfronten, eine zum Rhein hin und eine auf den „Bottermaat".

Auf dem Weg zum Heumarkt Ecke Salzgasse und Rothenberg kann man heute in den Brauereiausschank der Brauerei Sünner, das „Brauhaus Sünner im Walfisch", einkehren. Hier stand früher das **Brauhaus „Heinrich zur Krae"** (Krähe). Dieses gehörte zum ältesten Kölner Bieradel, denn es zählte zu den 25 Brauereien, die bereits 1476 in den Biersteuerbüchern der städtischen Rentkammer aufgeführt wurden. Die Salzgasse diente als Verbindung zwischen Heumarkt und Hafen mit regem Durchgangsverkehr: immer ein guter Platz für ein Brauhaus. Wegen seiner Nähre zu Groß St. Martin hieß es auch das „Kirchen-Bräues", es bestand bis 1898. Im Zuge der Sanierung der Kölner Altstadt wurden einige Gassen abgerissen. Hierzu gehörte die Tipsgasse. Ein besonders schönes Haus war das Haus im Walfisch. 1935 wurde das mit einen prächtigen Stufengiebel geschmückte Haus Stein für Stein abgetragen und auf dem heutigen Platz Salzgasse 13 aufgebaut. Jetzt trifft man sich dort im historischen **„Brauhaus Sünner im Walfisch"** zu Kölsch und Brauhausspezialitäten.

Im Haus Nr. 7 befand sich ein heute nicht mehr existierendes Brauhaus: **„Zur Täsch"** (siehe Abb. S. 12). Für die Zeit, ehe es um 1500 zu diesem Namen kam („Zur Teschen"), sind eine ganze Reihe weiterer Namen dokumentiert wie „Zum Hunen", „Zum Huntgin", „Zum hohen Durpel". Das Brauhaus „Zur Täsch" war ein Doppelhaus, was allein schon für seine Bedeutung spricht. Die Brauerei wurde erst 1907 geschlossen, die letzte Besitzerin war die Witwe des Brauers Reiner Schallenberg. Das Brauhaus „Zur Täsch" ist auch Schauplatz vieler kölscher Krätzchen und Anekdoten. Hier traf sich in den 20er-Jahren das Marktvolk vom benachbarten Großmarkt am Heumarkt. Nach dem Zweiten Weltkrieg war die Kneipe „Zur Täsch" ein Geheimtipp der „Szene" und Stammlokal bekannter Jazzer und Literaten. Die Wirtsleute waren der damals legendäre „Schäl" und seine Frau Trudi.

Am Anfang der Salzgasse, vom Heumarkt aus gesehen, befindet sich seit 2004 eine neue Attraktion auf dem Brauhauswanderweg durch die Kölner Altstadt. Es ist dies das **„Bierhaus en d'r Salzgass"**. Auf dem Grundstück der ehemaligen Brauerei „Zur Täsch" entstand ein mit viel Liebe und Sachverstand eingerichtetes Bier-Lokal, wo deftige Küche und ein leckeres Päffgen-Kölsch den Besucher erwarten.

Ein weiteres Kleinod der Kölner Baukunst befindet sich an der Westseite des Heumarktes: das Haus mit der Nr. 77 **„Zum Sankt Peter"**. Um den Heumarkt, auf dem früher ein reger Warenumschlag stattfand, errichteten die Kaufleute und Handwerksmeister ihre gediegenen und schmucken Häuser. Es herrschte eine Vielfalt an architektonischen Variationen, da es damals eine vereinheitlichende Bauvorschrift nicht gab. Das prächtige Haus „Zum Sankt Peter" baute der Ratsherr und Weinmeister Wilhelm Peter Telaen von Lennep im Jahr 1568. Heute schaut es auf den Heumarkt. Früher waren hier Häuserblocks vorgelagert, in denen die Handwerker ihre Werkstätten hatten. Neben dem Haus „Zum St. Peter" wurde im 11. Jahrhundert die erzbischöfliche Münze errichtet; die städtische befand sich am Quatermarkt, neben dem Gürzenich. Gehandelt wurde auf dem **Heumarkt** traditionell mit Flachsen und Tuchen, Fleisch, Käse, Salz, Eisen und Kohle sowie Futtermitteln.

Der Heumarkt war auch der Vorläufer der Waren- und Produktionsbörse. In den Jahren 1730/31 wurde mitten auf dem Heumarkt das Haus für die Börse errichtet. 1743 zog die Börse in das nicht weit entfernte Overstolzenhaus an der Rheingasse um. Aus der alten Börse

Dekorative Brauhausschilder und schöne Hausfassaden sind Beispiele für den Kunstsinn der Kölner, der bis heute überall in der Stadt zu spüren ist.

Rievkooche

Reibekuchen kennt jeder. Denken Sie! Wenn Sie die raffiniert deftigen „Rievkooche" mit frisch angemachtem Tatar probieren, vergessen Sie alles, was Sie jemals über Reibekuchen dachten. Der delikate Leckerbissen veranstaltet eine unauslöschliche Geschmacks-Explosion in Ihrem Gaumen. Doch Vorsicht: Diese „Rievkooche" machen süchtig auf mehr!

Der Name der Brauerei „Zur Malzmühle" erinnert an den (inzwischen unterirdischen) Duffesbach, der zum Antrieb der Ratsmalzmühle genutzt wurde. Der Bach bildete zur Römerzeit die natürliche Südgrenze der Colonia, daher findet man „bachaufwärts" an der Straße Mühlenbach noch Überreste der römischen Stadtmauer.

wurde ein beliebtes Caféhaus, ähnlich der Frankfurter Hauptwache. Übrigens gab es am Heumarkt 1844 wirklich eine Hauptwache für 50 Soldaten und noch einmal 50 Arrestanten. Im 18. Jahrhundert stand am Heumarkt das Kölner Theater. Giacomo Casanova rühmt sich in seinen Memoiren, in diesem Theater die Frau des damaligen Bürgermeisters, Maria Ursula Columba de Groote, kennen gelernt und später, nachdem er sich in der Elendskirche bei St. Katharina mit ihr getroffen hatte, verführt zu haben.

Nun zum Heumarkt Nr. 6: das **Brauhaus „Zur Malzmühle"**. 1858 wurde es von dem Brauer Hubert Koch gegründet. Bis 1912 stellten die Nachfahren von ihm das damals bekannte „Koch's Malzextrakt" her. Das Unternehmen heißt exakt „Jakob Koch, Bier- und Malzextract – Dampfbrauerei". Die heutigen Besitzer, die Familie Schwartz, braut Kölsch nach bester Kölscher Brauart! Das Brauhaus „Zur Malzmühle" verdankt seinen Namen dem Umstand, dass hier von 1572-1853, kurz vor der Einmündung des Duffesbaches in den Rhein, die Kölner Ratsmühle stand. Malz durfte in Köln nur ungemahlen eingeführt und auch von den einheimischen Mälzern nicht gemahlen werden, um durch genaue Kontrolle des Mahlens die Steuereinnahmen zu bestimmen. Die Mälzerei selbst war ein einträgliches Gewerbe und so ließen sich im Mittelalter „An der Malzmühle" die Patrizier nieder. Aber auch der ständige Fuhrverkehr der Brauerburschen, die die Gerste zur Verarbeitung brachten, sorgte für reges Treiben an diesem Teil des Heumarktes. Die oft sehr langen Wartezeiten wurden nahezu selbstverständlich durch allerlei Würfelspiele und auch so manchen guten Schluck überbrückt. Und so paarte sich bald Arbeit und Vergnügen so stark, dass der Rat der Stadt Köln und die Brauerzunft ordnend einschreiten mussten.

Biersteuer und Obrigkeit

Die Obrigkeit hatte schon immer ein besonderes Interesse für das Brauen von Bier, da sie darin eine enorme Einnahmequelle für das Stadt- oder Staatssäckel sah. Mit anderen Worten, Bier unterlag immer einer Besteuerung. Und es ist klar, dass der Mensch ein natürliches Bedürfnis hat, Steuern zu sparen und den Bierpreis so gering wie möglich zu halten. Denn dann schmeckt das Bier noch mal so gut. Das Brauen für den Eigenbedarf war in Köln steuerfrei. Und ein paar Liter von diesem steuerfreien Bier zu verkaufen, hatte gewiss seinen Reiz. Sehr zum Ärgernis des Brauamtes. Aber dieses hatte nur die Aufsichtspflicht für die Stadt Köln, das bedeutete: innerhalb der Stadtmauern und ein wenig darüber hinaus.

Wie aber sah es auf dem Rhein aus? Das Brauamt beschwert sich am 16. März 1556 beim Rat der Stadt, „... dass Niederländer sich unterstanden, Tabernen und Bierzapfen vor der Stadt in den Schiffen auf dem Rhein zu halten". Es lässt sich also sagen: Die zollfreie Konkurrenz war nicht beliebt. Aber was konnte man dagegen tun? Diese Geschichte soll sich vor der heutigen Frankenwerft abgespielt haben. Vor den Toren Kölns gelegen, hatte der Rat dort keinen Einfluss. So auch im Jahre 1436, als ein Überangebot an Wein herrschte und die Einfuhr und das Brauen von Keutebier verboten wurde. Auch hier hatte der Rat Pech: Die Kölner – gar nicht träge – machten einen gemütlichen Feierabendspaziergang nach Riehl, oder sie ließen sich nach Deutz oder Mühlheim übersetzen. Und schon konnten sie ihr geliebtes Bier genießen, so viel sie wollten, vor allem aber um etliches billiger.

Ähnliches ist zu berichten von den vor der Stadt liegenden Dollbierschenken zu Melaten und Rodenkirchen. Hier wurde zu einem billigen Preis die verbotenen „kölsche Knupp" oder das so genannte Dollbier, eine Art untergäriges Braunbier, ausgeschenkt. Diese Tavernen zogen die Kölnerinnen und Kölner stark an, die dann nicht selten stark angeheitert oder „wie doll" wieder in die Stadt heimkehrten.

Durch die enge Tripsgasse erreicht man von der Salzgasse her den Eisenmarkt. Dort sitzt, in Bronze gegossen, der Volksschauspieler Willy Millowitsch († 1999) auf einer Bank. Er verkörpert „das Urkölsche" wie kein Zweiter. Seit 1938 hat das Stockpuppentheater „Hänneschen" hier sein Domizil. 1803 war es von Johann Christoph Winters gegründet worden. Nach seinem Tod 1862 übernahm es sein Konkurrent Franz Millewitz (Millowitsch), der es als kölsche Institution etablierte. Und so ist es bis heute geblieben. Die Aufführungen – immer auf Kölsch – sind sicherlich einer der heitersten Wege, Kölner Humor und Kölner Charaktere kennen zu lernen.

An der Fassade des Overstolzenhauses ist deutlich die Funktion der Geschosse abzulesen: Unten wurden die Geschäfte abgewickelt, das erste Geschoss diente einzig der Repräsentation, hier wurden rauschende Feste und üppige Bankette veranstaltet. Mit einem unter dem Dach befestigten Kran wurden die Waren in die oberen vier Speichergeschosse gehoben. Bewohnt hat die Familie der Overstolzen nur den nach hinten, zum Hof gelegenen Teil des Hauses.

An der auf der Rückseite der Brauerei „Zur Malzmühle" gelegenen **Rheingasse** steht das **„Overstolzenhaus"**, in den Jahren 1225/30 erbaut, das Stammhaus der Patriziergeschlechter der Overstolzen. Es ist der einzige bürgerlich-romanische Bau, dessen Innenaufteilung wir genauer kennen. Eine massive Mauer senkrecht zur Straße teilte das Haus vom Kellergeschoss bis zum Dachstuhl in zwei ungleiche Teile. Im Keller wird diese Mauer von vier Rundbogenöffnungen aufgelöst. 1843 wurden Börse und Handelskammer in dieses Haus verlegt. Die Industrie- und Handelskammer hatte hier bis 1932 ihr Domizil.

Wir überqueren die Straße „Am Malzbüchel", durch die leicht ansteigende Königstraße gelangen wir zum Marienplatz. Hier befinden wir uns wieder auf dem von den Römern gebauten Plateau, genauer gesagt auf dem Kapitolshügel. Hier befand sich sehr wahrscheinlich zur Zeit der Merowinger die Königsburg. Die fränkischen Hausmeier hatten hier ihren Besitz. Am Marienplatz befand sich das **Brauhaus „Zum Rade"**. Als letzte Besitzerin war die Witwe Heinrich Kolter eingetragen. Die Brauerei bestand bis 1910. Kurz darauf wurde das Gebäude abgerissen. Bei der Brauerei „Zum Rade" handelt es sich um eines der ältesten Brauhäuser der Stadt. Es bestand aus dem Haupthaus am Marienplatz und einem weiteren Haus am Mühlenbach. Heute stehen hier moderne Wohnbauten. Keine Spur mehr von alter Brauer-Herrlichkeit. Das Brauhaus am Marienplatz besaß einen Treppenturm und einen Obergeschosssaal

Das ehemalige Brauhaus „Witwe Heinr. Kolter" am Marienplatz.

mit reich verzierter Stuckdecke. Seine Geschichte reicht bis ins Jahr 1425. In Keussens „Topographie der Stadt Köln" finden wir ein „Gruithaus", also ein Haus, in dem die Bierwürze hergestellt wurde.

Vom Marienplatz aus wurden die Gebeine der Heiligen Drei Könige 1164 in die Stadt gebracht. Das **Dreikönigenpförtchen** (op Kölsch: Dreikünningepözje) ließ der Kölner Bürger Johannes Hardenrath 1460 errichten und im oberen Teil Figuren der Heiligen Drei Könige vor Maria mit dem Kinde anbringen. Ursprünglich war an dieser Stelle ein Durchgang der römischen Stadtmauer. Die Mauer selbst war der Zugang zum Immunitätsbezirk des Stiftes St. Maria im Kapitol. Die dritte romanische Kirche, der wir auf unserem Wanderweg begegnen, ist **St. Maria im Kapitol.** Unmittelbar an der Südostecke des römischen Köln wird im 1. Jahrhundert der „Kapitolinische Tempel" errichtet, der den römischen Staatsgottheiten Jupiter, dessen Gattin Juno und deren Tochter Minerva geweiht ist. Die Grundmauern des Tempels bestimmten den Grundriss der mittelalterlichen Nachfolgebauten, so auch den der Kirche, die ebenfalls völlig ungeniert auf ihren heidnischen Ursprung hinweist. Der **Lichhof** vor der Kirche hat seinen Namen von dem hier vormals befindlichen Stiftsfriedhof, dem Leichenhof. Zwischen Pipinstraße und Augustinerstraße befand sich die „Bierinsel", der Häuserblock der ehemaligen Brauerei Heinrich Hilgers. Wer hätte gedacht, dass mitten

Das Dreikönigenpförtchen, durch das angeblich die Gebeine der Heiligen Drei Könige nach Köln getragen wurden.

Im Lichhof von St. Maria im Kapitol steht diese „Trauernde" des Künstlers Gerhard Macks. Er verlor im Zweiten Weltkrieg seinen Sohn. Wenn der idyllische Platz in Sonnenlicht getaucht ist, erinnert nichts mehr daran, dass hier einst der Friedhof des Stifts lag.

Muschele

„Muscheln — rheinisch" heißt es in Kölner Speisekarten. Wer es noch nicht wusste: Muscheln gehören zur rheinischen Küche. Mit Weißwein und allerlei Gemüse als leckere „Zupp" zubereitet, mit Schwarzbrot und einem kühlen Kölsch auf den Tisch gebracht, ist diese köstliche Mahlzeit ein Hochgenuss.

Das alte Foto zeigt die „Stadthaus-Schenke", das ehemalige Brauhaus „Gürzenichbräu", das bis 1943 obergäriges Bier braute.

in der Stadt Köln einmal Sand abgebaut wurde. Die Straßenbezeichnungen „Große und Kleine Sandkaul" so wie auch„In der Höhle" erinnern noch daran.
Durch die „Große Sandkaul" gehen wir am Gürzenich vorbei. Gegenüber dem **Gürzenich**, der guten Stube Kölns, befindet sich heute die „Stadtschänke" eine von außen eher klein anmutende Gaststätte. Doch dahinter befand sich einmal eine bedeutende Brauerei. Gegründet wurde sie 1865 von Werner Cemp. Der Brauer Heinrich Hilgers baute den **„Gürzenichbräu"** zu einem respektablen Unternehmen aus. Im Kriegsjahr 1943 wurde der Braubetrieb eingestellt, die Firma wurde aber noch bis 1958 im Handelsregister weitergeführt. Bis 1233 hatte das Grundstück dem Dürener Landadelsgeschlecht der Herren von Gürzenich gehört, danach anderen Rittern. Der Name der Gürzenich erhielt sich durch die Zeiten. Und auch die Umgestaltung des Gebäudes mit der Hinzunahme anderer benachbarter Grundstücke änderte daran nichts.

Im 15. Jahrhundert befand sich die Stadt Köln auf dem Höhepunkt ihrer Macht. 1437 ließ sie darum ein „koestlich dantzhuys" bauen, den hochgotischen Festbau „Gürzenich". Dieser Bau kostete 80 000 Gulden – gut angelegtes Geld, denn dieses Festhaus ermöglichte von nun an Empfänge und Festivitäten wahrhaft europäischen Charakters. So waren Kaiser und Könige zu Gast, wie Kaiser Friedrich III. (1473) mit seinem Sohn Maximilian, der im Anschluss an seine Krönung zum König in Aachen (1486) ebenfalls hier zu seinem Vergnügen Einzug hielt. Im Krieg wurde der Gürzenich stark zerstört. Der Aufbau war eine der ersten Wiederaufbauleistungen der Stadt Köln nach 1950, die in eigener Verantwortung geschah, da finanzielle Zuwendungen ausblieben. 1955 wurde er von Bürgermeister Ernst Schwering festlich eingeweiht mit den Worten: „Nun sind wir endlich wieder in unserem Gürzenich."

GENIESSEN SIE ES
Sion
KÖLSCH
Schön
FRISCH
www.sion.de

Der kleinste Platz der Stadt, der Gülichplatz, bietet genügend Raum für den Fastnachtsbrunnen von Georg Grasegger, der Kölns „Fünfter Jahreszeit" gewidmet ist. Der von Oswald Mathias Ungers gestaltete Neubau des Wallraf-Richartz-Museums birgt eine umfangreiche Sammlung abendländischer Malerei des 13. bis 19. Jahrhunderts – wie die wohlklingenden Namen an seiner Fassade verkünden.

Bild links:
Alt-St. Alban wurde nach dem Krieg nicht wieder aufgebaut, sondern als Mahnmal erhalten. Käthe Kollwitz schuf für ihren gefallenen Sohn das eindrückliche Denkmal der "Trauernden Eltern", die die Opfer aller Kriege und der Gewaltherrschaft beklagen.

Der **Quatermarkt** ist benannt nach der Familie des Rudolfus Quatermarc (1171/72), Ahnherr eines Patrizier- und Kaufmannsgeschlechtes. Am Quatermarkt war der Sitz der städtischen Münzpräge. In der französischen Zeit hieß er deshalb auch „Rue de la Monnaie". Die ehemalige Pfarrkirche **Alt-Sankt-Alban** neben dem Gürzenich ist heute Totengedenkstätte und Mahnmal. In ihrem Inneren befindet sich die Skulpturengruppe „Trauernde Eltern". Das Original stammt von Käthe Kollwitz, die Nachbildung von Ewald Mataré. Eine Spezialität Kölns ist das Eau de Cologne. Derjenige, der es en vogue machte, war der Destillateur Johann Maria Farina (1685-1766). Er gründete 1709 die Firma „Johann Maria Farina in Cölln". Noch in den 50er-Jahren konnte man das Kölnisch Wasser in der City um den Gülichplatz riechen.

Gegenüber dem Gülichplatz steht das 2001 hier eröffnete **Wallraf-Richartz-Museum**, weiter geht es über die **Judengasse**. Diese alte Gasse erinnert an den mittelalterlichen Gettobezirk. Auf dem Platz vor dem Rathaus befindet sich die **Mikwe**, das jüdische Ritualbad. Die Grundrisse des alten Judenviertels wurden bei der Neugestaltung des Rathausplatzes durch unterschiedliche Bodengestaltung (Pflasterung) nachgezeichnet. Zum Schluss unseres Rundgangs sind wir wieder im Bereich des Rathauses angelangt. Den Rathausturm hatten wir uns ja bereits betrachtet. Am 24. August 1972 wurde das neue Rathaus nach sechsjähriger Bauzeit eingeweiht. Der Rathausplatz war für die alten Kölner der Platz schlechthin: Die „Häre vum Platz" waren die Ratsherren, und „noh'm Platz jonn" hieß zum Standesamt gehen, also heiraten. Die **Rathauslaube** wurde nach vierjähriger Bauzeit (1569-73) fertig

gestellt. Früher erschien auf dem Balkon im Obergeschoss der Bürgermeister vor den versammelten Bürgern und verkündete in der so genannten Morgenansprache die Rathausbeschlüsse.
Das Bildrelief über dem Rathauseingang zeigt dem Betrachter eine Szene, in der ein hoch aufgerichteter Löwe und ein sehr kräftiger Mann mit einem Schwert in der Hand gegeneinander kämpfen. Dieses Relief stellt den legendären Kölner Bürgermeister Grin dar, einen mutigen Mann, auf den die Kölner sich gerne berufen. Die Geschichte vom Löwenkampf geht historisch auf eine Auseinandersetzung der Kölner mit dem Erzbischof im 11. und 12. Jahrhundert zurück. Dieser überredete zwei Domherren, die sich einen eigentlich zahmen Löwen hielten, zu einem äußerst hinterlistigen Coup: Über Wochen gaben die beiden dem gutmütigen Tier nichts zu fressen. Dann luden sie den Bürgermeister zu einem Mahl in ihr Haus ein – aber ganz

Das Relief an der Rathauslaube zeigt ein historisches Ereignis aus dem 13. Jahrhundert: den Kampf des Bürgermeisters Grin mit einem Löwen. Grin, der – als Opfer einer Intrige – dem Löwen als Abendessen dienen sollte, verteidigte sich geistesgegenwärtig und tapfer. So berichtet die Stadtchronik, „er gink ungessen weder heim", aber seinen Widersachern, die ihn hatten loswerden wollen, ging es an den Kragen. Sie wurden am Nordportal der Stadt (vor dem Dom) aufgehängt.

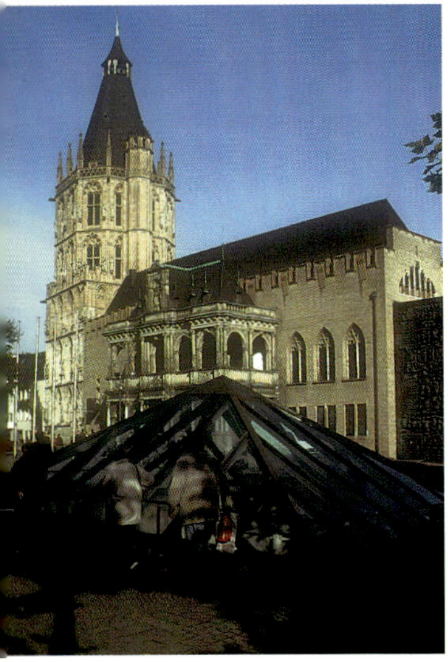

Unter der Glaskuppel geht es 16 Meter in die Tiefe: Unten sammelt sich das Grundwasser, denn „Mikwe" bedeutet „lebendiges Wasser". Das jüdische Kultbad diente der rituellen Waschung. Es war Zentrum einer der ältesten und bedeutendsten jüdischen Gemeinden Deutschlands. In unmittelbarer Nähe stand die Synagoge, die der Rat nach der Vertreibung der Juden aus Köln 1424 in die Ratskapelle umbauen ließ.

anders, als der gute Mensch wohl dachte: Denn dort lockten sie ihn zum Löwenhof und stießen ihn direkt vor die Füße des Tieres. Grin aber fand seine Fassung wohl schnell wieder, riss sein Kurzschwert heraus, das damals jedermann am Gürtel trug, schlang seinen Mantel um den Arm, stieß dem Löwen die Linke direkt in den Hals und gleichzeitig das Schwert ins Herz. Der Löwe war tot, der tapfere Bürgermeister gerettet. Die Domherren allerdings wurden zur Strafe am alten römischen Nordtor direkt vor dem Dom aufgehängt, das seitdem „Pfaffenpforte" heißt. Unser Spaziergang über den Brauhaus-Wanderweg ist an dieser Stelle eigentlich zu Ende. Aber da ein Stadtrundgang hungrig und durstig macht, laden wir Sie noch ein, Bekanntschaft mit der „Kölschen Foderkaat" zu machen.
Gerade das Brauhaus Sion ist nicht nur für sein gutes Kölsch bekannt, sondern auch für die typisch kölschen Speise-Spezialitäten. Hier können Sie in aller Ruhe bei einem erfrischenden Glas Kölsch eine ganze Mahlzeit schlemmen, aber die Küche wird Ihnen auch gerne dabei helfen, den kleinen Hunger zu bekämpfen. Sollten Sie sich nicht entscheiden können, welche Spezialität Sie aus der Karte wählen, fragen Sie am besten den Köbes. Aber eines sollten Sie stets beachten: Bestellen Sie immer ein kühles Kölsch dazu! Und wenn Sie die Karte (noch) nicht lesen können, hilft Ihnen bestimmt einer der Köbesse oder ein anderer Gast bei der Übersetzung vom Kölschen ins Hochdeutsche. Wie Sie nun ins „Dombräues" kommen, das wissen Sie als neuer Kölsch- und Brauhaus-Spezialist bestimmt noch: Von der Bürgerstraße aus gelangen Sie direkt nach „Unter Taschenmacher", dem Ausgangspunkt unserer kleinen Führung durch die Kölner Biergeschichte. So bleibt uns nur noch zu sagen: Wir wünschen Ihnen einen guten Appetit und natürlich Prost! Wir würden uns freuen, wenn Ihnen der Rundgang Spaß bereitet hat – und Sie Köln und vor allem dem Kölsch treu bleiben.